# 每周蒋讲

## 律师的成长

蒋勇 著

中国政法大学出版社

2019·北京

**图书在版编目（ＣＩＰ）数据**

律师的成长/蒋勇著. —北京：中国政法大学出版社,2018.8
ISBN 978-7-5620-8433-4

Ⅰ.①律… Ⅱ.①蒋… Ⅲ.①律师－工作－中国－文集 Ⅳ.①D926.5-53

中国版本图书馆CIP数据核字(2018)第176739号

------------------------------------------------------------------------

| | |
|---|---|
| 出 版 者 | 中国政法大学出版社 |
| 地　　址 | 北京市海淀区西土城路 25 号 |
| 邮寄地址 | 北京 100088 信箱 8034 分箱　邮编 100088 |
| 网　　址 | http://www.cuplpress.com（网络实名：中国政法大学出版社） |
| 电　　话 | 010-58908437(编辑室) 58908334(邮购部) |
| 承　　印 | 北京中科印刷有限公司 |
| 开　　本 | 880mm×1230mm　1/32 |
| 印　　张 | 10.25 |
| 字　　数 | 240 千字 |
| 版　　次 | 2019 年 1 月第 1 版 |
| 印　　次 | 2019 年 1 月第 1 次印刷 |
| 定　　价 | 65.00 元 |

# "每周蒋讲"伴我成长

2014 年春天，我和小伙伴们聚在一起，商量怎么在初创的天同诉讼圈微信公众号上做一些创新。那时，罗辑思维这样的知识社群非常红火，它的创始人罗振宇的专栏也极受欢迎。天同诉讼圈的主编想想姑提议说，要不蒋律师也开个专栏吧，名字就叫"蒋讲"。我说，既然开专栏，那就争取做到每周一篇，干脆就叫"每周蒋讲"吧。

当时的我没有想到，灵感一现蹦出来的这四个字，会在之后三年时间里成了"紧箍咒"一样的存在：它不仅需要每周更新，还需要我每周都讲出一些有价值的原创内容来。于是，搜肠刮肚地梳理我的知识和经验储备，在处理完各项工作后加班把文章赶出来，每个周五发表在"天同诉讼圈"上，成了我在很长一段时间里的必备动作。

2017 年 1 月，由于愈加繁重的工作，我不得不将"每周蒋讲"改为不定期的"蒋讲"。"紧箍咒"是松掉了，我却常常感到失落和遗憾。重新整理文稿，更觉得从前这段被更新节奏倒逼着"每周蒋讲"的日子值得怀念。

自从 2014 年 5 月 23 日推出第一篇文章以来，"每周蒋讲"专栏坚持更新了 132 期。除了五一、国庆、春节这样的大假期，每周从未间断。专栏内容涵盖律师成长、律所管理、法律生态圈、法律服务的互联网化等方方面面，不仅有我的自说自话，还引入对话、问答等多种形式，展现在互动中碰撞出的思想火花。文字之外，我们还尝试了语音、视频等呈现方式，让内容更加立体丰富。

一期期积累下来，三年多时间里，"每周蒋讲"专栏一共发表了超过 46 万字的内容，累计被阅读了超过 200 万次。

这些文字让我有机会参与到行业内重要话题的讨论中去。

我曾就律所合伙人的薪酬分配问题连续写过三篇文章，表达我对这一律师行业"天下第一问"的看法；也曾连续发表三篇有关法官与律师关系的演讲，坦诚地表达我的困惑与希冀。在元旦和青年节，我常常"熬制鸡汤"，以切身感悟寄语青年律师。在技术变革深入法律行业之时，我多次谈及有关互联网、大数据、云计算、人工智能的基础认知，并且研读理查德·萨斯金（Richard Susskind）的新书《专业人士的未来》（*The Future of the Professions*），在第一时间与大家分享……

所有内容，不敢妄言成熟完善，但始终真诚开放。我竭尽所能地与大家分享我的所思所想，以我的感悟为同行提供参考，期待在法律生态圈中以律师的视角贡献有建设性的意见。

这些文字也让我结识了一帮志同道合的朋友。

我常说，移动互联网的传播是一种"圈层传播"，只有对内容感兴趣的人才会点开来阅读，只有被内容打动的人才会转发，发起新一轮的传播。如此看来，"每周蒋讲"专栏的每一篇文章都像是一份邀约，找寻着关注这些话题，认同这些理念的朋友。当越来越多这样的人聚在一起，内容也被传播得越来越广，甚至产生奇妙的"蝴蝶效应"：2016年全国律师代表大会期间，一篇呼吁国家加大对律师行业基础设施建设投入的专栏文章有幸得到许多与会代表的关注与认可，形成提案在大会提交。

很多律师朋友告诉我，他们会在每周五下午守候"每周蒋讲"的更新，这个专栏里的每一篇文章他们都会仔细阅读。这对我而言，是难得的信任，也是无比珍惜的缘分。

在这个过程中，我自己也收获了难得的成长。

我一直相信，写作是绝佳的思考方式，可以帮助我们理清那些似是而非的模糊念头。我们从来都不需要把某个问题完全想明白再提笔写作，写作自会督促我们反复检视认知，梳理逻辑，破解疑惑，直至搭建起相对完善的知识体系。

这对于平日里忙于琐碎事务的我来说尤其可贵。我们太容易陷在那些紧急但不重要的事务当中，却把重要但不紧急的事务抛在脑后。"每周蒋讲"就像是一个闹钟，定期地提醒我从日常事务中抽离出来，反思前行的方向。

一般而言，写作是一个孤独的过程。幸运的是，我的写作有团队的陪伴。在这里，我尤其想感谢"每周蒋讲"专栏的幕后团队。

最开始的时候，主要是连哲——一个充满灵气的湖南小姑娘——配合我写作。连姑娘是中国人民大学新闻系硕士，毕业后就加入了当时天同的新媒体事业部。她对内容运营很有想法，文笔也非常不错。每当我确定选题后，就会天马行空地跟她聊上两个小时，由她来把这些零碎的想法整理成文。在这个基础上，我再提出修改意见。其他新媒体事业部的小伙伴和当时在新媒体事业部轮岗的天同律师也会参与进来，协助我完成了若干期内容。

对他们来说，这不是一件容易的差事。在一周一文的快节奏里，他们往往周一周二才能等到我确定选题，聊清楚想法，然后花一两天时间整理成初稿，再根据我的意见反复修改，甚至全部推倒重来。熬夜写稿，或者天不亮就起床写稿，是每一个参与者的工作常态。

2015年初，当时还是中国政法大学法学院研三学生的邹一娇加入了进来，最开始是担任视频栏目"蒋讲·会客厅"的编导，后来就跟我一起写文章，协助我完成了后面"每周蒋讲"专栏的绝大部分内容。

一娇特别难得的一点在于，她是一个充满好奇的人。沟通选题时，她会敏锐地抓住我说得不够清楚的点，追问下去。如果我的回答给了她新的认知，她的眼神里会有发现宝藏般的光芒，鼓励我更加深入地讲下去。除了梳理我的输入，她还会主动发掘国内外的研究成果，输出给我，沉淀到文章里来。所以，后来的"每周蒋讲"，其实不只是我在"讲"，也有她的很多智慧贡献。

两年多时间配合下来，我和一娇也变得非常默契。最开始的时候，我们可能需要聊上一两个小时，她才能知道我想写些什么。但到后来，可能就是聊一二十分钟，甚至只是几句话给她一个方向，她就能完全明白我的想法。所以我常笑称，我的脑子有一半在她那儿。

2015年7月，我受邀作为校友代表，在中国政法大学法学院研究生毕业典礼上发表演讲。一娇协助我准备了这次演讲的内容，同时作为当天的毕业生坐在台下听我演讲。典礼结束后，我们捧着鲜花在台上拍了一张合影，这也算是非常奇妙的缘分了。这篇题为《到处都是我们的人》的演讲稿也引起了很多法律人的共鸣，成为当时阅读量最多的一篇"每周蒋讲"专栏文章。

借着此次出版，我想感谢一娇，感谢连姑娘，感谢小雨、润众、李谦、大龙、皓哥、李岩、大鱼等等协助我写作"每周蒋讲"专栏的小伙伴们。你们承担了写作中最苦最累的工作，帮我梳理思路，润色想法。如果没有你们，就不会有这个专栏，更不可能三年如一日地坚持更新，始终有高品质的内容产出。当然，还要感谢为这个专栏出谋划策的想想姑和范否，无讼视觉团队的闫导、世功、小娟，以及大莹哥、杨yy、崔三杯等好多位先后在天同新媒体事业部或无讼新媒体板块工作的小伙伴们，你们的贡献让这个栏目增色不少。

我也想感谢一直以来始终关注"每周蒋讲"的朋友们。你们的信任和支持是我坚持写作的最大动力，你们的分享与转发才让"每周蒋讲"被这么多人认识和记住。可以说，是你们和我们一起打造了"每周蒋讲"，和你们一起讨论交流，传播理念的日子让我无比难忘。

"每周蒋讲"伴我成长，其实也是你们伴我成长。

此次将文章结集出版，旨在体系性地呈现过去的思考沉淀，为更多人提供参考，同时也想以此纪念过去三年多里我和小伙伴们一起实践、写作、交流，并且在这个过程中共同成长的美好时光。创业本来就是痛并快乐着，这样的成长一去不复返，却凝结成了继续前行者取之不尽，用之不竭的力量。

对我个人来说，"每周蒋讲"早已不仅是一个专栏，更成为一种符号，提醒我不要懈怠，要坚持思考与分享。所以，我也把这个图书系列命名为"每周蒋讲"。除了"每周蒋讲"专栏此前的文章，我接受委托完成的全国律协课题的研究成果也被收录了进来。

常有朋友问我："每周蒋讲"文章为什么不写了？我半开玩笑半当真地回答：因为"蒋"郎才尽啦！是的，文字是思想的结晶，而思想是实践的升华。所以，我历来认为，没有实践就没有思想，没有思想写出来的文字就是苍白的。三年多来每周一篇的文章，建立在我十多年的法律服务实践基础上。这些文字，不说厚积薄发，起码也是有感而发。

正是因为这个原因，当我感觉文思枯竭的时候，我知道，那不是因为别的，是我的实践不够支撑思想了。法律服务的新的实践，需要更多创新的探索，需要有不怕失败，勇往直前的精神。我是时候重新埋头苦干，多做少说了。不过请大家放心，我这辈子都肯定是献身给法律服务行业，献身给法律服务创新事业了，所以我一定会积累实践后重返"每周蒋讲"的，此次出版就当做是我成长历程中的一个小小逗号，期待"每周蒋讲"和大家再续前缘！

朋友们，前路漫漫，让我们彼此相伴，共同成长！

# 序　言

做律师是一门综合的技艺。

它需要我们有扎实的业务能力。这不仅包括基础的法律知识，还需要诸如逻辑思维、语言表达、文书撰写、图表绘制、法律检索等方方面面的软技能，在实践中不断积累经验。

它需要我们有管理客户关系的能力。从吸引潜在客户，到与客户建立初步联系，到赢得客户青睐，再到为客户提供服务的全过程，都需要律师的悉心管理。这一方面考验着律师的服务能力，需要律师管理客户预期，打造极致的客户体验；另一方面也考验着律师的商业眼光，需要律师找准市场定位，围绕定位设计自己的获客策略、定价体系和服务内容。

它需要我们理解司法过程。这对诉讼律师来说尤其重要。诉讼律师的工作能取得什么样的成果，不仅取决于律师自身的努力，还要把它放到整个司法运行体系中去检验。司法环境的健康程度，决定了整体上律师发挥作用的大小。律师理解司法过程的深刻程度，从某种意义上来说，决定了我们的工作能在多大程度上转换为理想的裁判结果。

它需要我们理解世界的变化。法律服务并不是独立存在的业务，法律服务市场的发展和社会整体的经济活动状况息息相关，律师自身也不可能脱离身处的社会环境而存在。只有敏锐地洞察经济发展趋势，我们才能找准业务的爆发点。也只有积极地适应变化，我们才能顺势而为，赢得更好的发展。

对于青年律师来说，掌握这门技艺并不是一件容易的事情。在我们这个行业，系统性的培训极度缺乏。许多律师初出茅庐，就被扔到市场的风浪里，独自慌乱地求生。在过去的几年时间里，我有机会去到全国各地给律师同行讲课，在这多达几百场的课堂里，青年律师们充满求知渴望的眼神让我难忘。

在"每周蒋讲"专栏中，律师的成长是一个很重要的话题。我希望通过一篇篇文章，把我二十多年来的执业经验分享给更多人。《律师的成长》这本书，收录了此前"每周蒋讲"专栏中有关这一话题的所有文章。希望通过对律师技能养成、客户关系管理和律师与法律生态圈等内容的体系性呈现，给律师，尤其是成长中的青年律师更多启发。

我一直相信，律师是世界上最有魅力的职业之一。它不断向我们抛出需要解决的新问题，不断督促我们练就更加全面的能力，让我们可以通过努力赢得陌生客户的信任，参与到司法体系运行和公平正义的实现过程中去。它从来不会单调，从来不会缺乏挑战，也从来不会缺乏意义。

我真诚地希望，尚且处在迷茫和探索阶段的青年律师们，可以在未来稳扎稳打地成长，更加从容地领略从事律师这个职业一路上的风景，真正享受作为律师执业的荣光。如果这本小书可以在这个过程中为大家提供任何帮助，我将感到无比荣幸。一代人有一代人的成长路径，每个人也都会有适合自己的成长方法。我的这些经验之谈绝对不是唯一的真理，而只是我的抛砖引玉。

正如我在《青年节致青年律师：你其实比想象的更强大》一文中所说的那样："十年一代人，无论现在多么资深和优秀的律师，总会渐渐淡去，甚至完全退隐江湖，而崭新的未来，正等待着新一代的青年律师来引领。"

青年律师们，期待看到你们更加精彩的未来！

# 目录
*Contents*

Part 1

# 寄语青年律师

# 和青年法律人谈谈心 *

原文发布于 2014 年 9 月 26 日。

　　我曾不止一次地被我的同事们揶揄：蒋律师，您一人拉高了我们全所的平均年龄啊！确实，我从大学毕业整二十年了，作为律师执业也已十四年，看到了一批批懵懂稚嫩的法学院毕业生，成长为可以在法庭上独当一面的青年律师。但同时我也发现每一位年轻人似乎都有过同样的茫然，同样的困惑，同样的不甘不愿。现在，又是一年求职季，许多未来的大法官、大律师们将会在这个时刻做出最重要的职业选择，我也想借此机会和大家聊聊，我是如何从一名法学生变成职业法律人的，只愿身怀法治梦想的年轻人走得更坚定、更长远。

## 态度成就未来

　　二十年前，我从中国政法大学毕业，进入法院开始第一份工作。

　　像所有初出茅庐的年轻人一样，我对自己的未来充满了憧憬。但梦想丰满，现实却常常是骨感的。作为庭里最年轻的"小后生"，我承担了所有内勤工作，打水、拖地、擦桌子、整理材料、收发文件……这些"苦力活"充斥了我的几乎所有时间，用现在年轻人的话说，"没有一点技术含量"。

但这样琐碎、重复、乏味且苦累的工作，持续了六年。我每天从早忙到晚，从未有一天的懈怠。"勤劳"成为我的习惯。在一天辛苦的工作之后，我会留在办公室看书、写作。至今我还保留着多个资料本，都是将自己在工作中所见的各种案例材料进行记录、复印、剪辑形成的。一些留心之举，没想到积累得多了，竟还得以成书出版。我每天要求自己写一万字，常常从下班之后便沉浸在"笔耕不辍"中，清晨四五点，抬头看窗外，东方已经泛起了鱼肚白，于是在办公室把两个凳子一拼，睡上两三个小时，就又开始了新一天的工作。六七年过去，我出版的书摞起来竟有半人高，还挣了非常可观的一笔稿费，成为我后来有勇气"下海""创业"的最有力后盾。

长时间高强度的锻炼，让我对"疲劳"的承受力非常强，就像是一根皮筋，能拉多长，阈值有多高，都取决于第一次拉开时的长度。坚持与执着，也使我养成了专注的习惯。不论是打水拖地，还是编辑写书，都是非常枯燥的事情，把自己投入进去而忘我的工作，多年如一日，这样的态度本身是我最大的收获，而不见得是工作中所接触的知识。越专注，越安静，内心也因此而越坚定。

## 合适最重要

2004 年 4 月，我从法院离职了，然而前路为何却并没有答案。

心里只揣着第一天入职法院时，一位老前辈和我说的话：来了这儿你就有保障了，你从入职到退休，到死了订骨灰盒，都归我们管了。这句话令我心生恐惧：难道我的一生就这样固定了？内心"不安分"的因子，促使我下决心离开体制内。父亲很忧虑地说：你离开法院了，不就没有单位了吗？

有三个月时间，我什么都没干，就在家里看书，思考人生，思考自己最适合做什么。我进入一家基金公司，待遇丰厚，但仅仅一个月，我仍然发现不适合自己，因为太按部就班，循规蹈矩，我想做更有创造力的事。因为偶然的机会，我开始接触律师的工作，发现在一个个具体的案件中解决难题让我兴奋且有极强的成就感，每一个案件都不同，攻克每一个案件都像完成一场精彩的战役。就这样，我做起了律师，越做越快乐。

人的一生可能会面临很多次选择，也会面临很多次机会。在缺乏了解与经验的基础上，我们所做的选择往往不见得是恰当的，就像第一次就业，第一次恋爱。但没有什么要紧，当你逐渐对自己有更多的认识，逐渐对自己的选择更为理性，只要有好的精神与态度，机会就会垂青你。工作没有好坏之分，找到适合自己的，相爱一辈子，你就是幸福的。

# 一辈子的事业

"一辈子"听起来很长，"一辈子的事业"有时就更让人觉得沉甸得托不住。一个人要找到自己一辈子的事业，就像要找到"一辈子相伴"的人一样，充满了未知和困惑，有时甚至是诱惑。婚姻中有一个词叫"七年之痒"，其实事业也是一样的。蜜月期过后，总是会迎来瓶颈期、争吵期、冷淡期。但"最浪漫的事"是什么呢？就像那首歌唱的，是"和你一起慢慢变老"。

我也是凡人，所以在我的工作生涯中，也出现过严重的瓶颈期。那时投资市场方兴未艾，满是机会，而我做诉讼律师已经有些年头，业绩是攒了不少，内心却觉得疲乏无比，最初的激情褪去，未来的方向还不明朗。面对"投资市场"的诱惑，我动了转行的念头。为此我特地去读了清华大学经管学院的 EMBA，还报了好几个有关商业啊、私募啊等等看起来"高大上"的班，也真的动手成立了一个投资公司，和几个朋友一起尝试投资项目。

试一试，很快就发现，自己的"真爱"还是诉讼律师。多年法律思维的训练，尤其是在诉讼中练就的风险意识，使我"解决难题"的能力远远大于"冒险"的能力。在诉讼中我可以如鱼得水，换一个领域，还真就捉襟见肘了。

这一次"出轨"让我笃定了我要和诉讼过一辈子的决心。从此回归，再也不三心二意，满心满脑只想着怎样让我们的诉讼技能更扎实，让我们围绕诉讼的管理更精细，怎样把像我一样热爱诉讼的人积聚起来，让"诉讼律师"这个职业更被人尊重。随着在一个领域钻研越来越深入，发现视野越来越开阔，空间越来越大，最初的"瓶颈"反而不知不觉就消失了，从此迎来一片更广袤的天地。

# 人生就是走着瞧

我办第一个案件时，还没想第二个案件怎么来，以后怎么办，只想着千方百计把这个案件处理好，给客户一个最满意的交代。从一个一个地办案，到我和合伙人一起创立天同所，这中间隔了两年；当我们终于有了自己的事业，我们的目标也很简单，就是做好一个个案子。

现在很流行一个词——职业规划，但我觉得一生的事业还真没法"规划"出来，而是一步步"淌"出来的——不断地夯实脚下的路，不断地抬头看前方，中间也会有曲折，不过没关系，坦然地去面对。

2008 年，《民事诉讼法》面临大修，其中一项就是再审制度的改革。我们在积累中看到了机遇，意识到诉讼是可以突破地域与审级的限制，达成律所间的合作的。再后来，我们想除了要和各地同行加强联系和合作，还应该主动地开放自己、分享自己的经验和知识，于是，2012 年我们开始举办每月一次的天同开放日。而现在，天同正力图通过互联网技术和互联网思维，为全国所有法律人建设一个合作和交流的平台，让这种分享精神贯彻得更彻底，创造更大的价值。

这个目标尚在奋斗中，我又有了一个更遥远的梦想：未来去做一个专注于法律领域的天使投资人，投资有梦想的法律人！

十多年前，我自己都不曾想过自己的梦想能有多大；但十多年后，我已经可以去关注别人的梦想。这样的过程中蕴含着无数个量变到质变、质变又到量变的积累。我从一个最朴实的只想解决生计的执业者，到现在会去思考如何建设一个法律生态圈，这中间有无数个跨越。就像攀登一座山，大汗淋漓地登顶欢呼时，却发现下一座更高的山就在眼前，于是又开始了下一座高峰的攀登……就这样一次一次地征服。

年轻的时候，谁都会迷茫，觉得未来遥不可及。何必想这么多呢？给自己定一个可预见、可实现的目标就好，不断拓展的视野和增长的见识自然会促使我们不断地把目标拔高。人生就是要走走瞧瞧，大胆地试，大胆地闯，瞻前顾后的人往往不会幸福。就像是"非诚勿扰"台上的女嘉宾，总是想着会不会有更好的男嘉宾过来牵她的手啊，结果一直被留在了台上。其实，看到一个顺眼的男嘉宾就尽管跟着走呗！我一直固执地认为，这样一头扎下去的女人最幸福。

## 站在时代的风口

在职业选择上还有一个根本，就是要"迎风而动"，所谓"站在风口上，猪都能飞起来"。个人的力量，远远不如时代潮流的力量，所以，能敏锐地捕捉到时代的脉搏，这也是选好职业的一个前提。

诉讼律师，在过去很多年都不见得是特别受人尊敬的职业。许多年轻人毕业时的首选往往是公务员、法官、央企法务，要么就是非诉律师，最后好像实在没得选了，才"勉为其难"地去做诉讼律师吧。但回想我们最初在高考志愿栏里填下"法律"的时候，我们内心是不是憧憬着像律政剧里的大律师在法庭上慷慨陈词的景象呢？做出这个最初的选择，是不是因为我们内心怀揣的一个"法庭梦"？可是后来，我们却变得没有勇气坚持。

　　毋庸讳言，中国的法治尚处建设中，会有许多不如意之处让人心存沮丧。但哪个领域都不是完美的，对自己最爱的人，我们不应当"最挑剔"。提建设性意见，用自己的作为，去一点点地坚持和影响，这才是敢作敢当的年轻人最有为之处。

　　当我意识到诉讼就是我的"真爱"，我决心用我一辈子的能力，去投身其中。在法治曲折蜿蜒的前进路途上，我希望看到自己有力的脚印，我也希望因为我和我们这一代人的坚持，能够带动更多人加入进来，共同来贡献我们的力量。

　　有一个词叫"低位建仓"。感觉到风势，在曲线往上拉的低点及时进入的人，往往能收获最大的红利。这不是一个最好的时代，但也绝不是一个最坏的时代。站在时代的风口，做一头"会飞的猪"吧！

# 青年节致青年律师：
# 其实你比想象的更强大 *

原文发布于 2016 年 5
月 4 日。

　　零点已过，时间已经来到了 2016 年 5 月 4 日。今天是"青年节"。

　　忙完手头的工作，夜已经很深了。打开笔记本电脑，很想对今天过节的青年律师们说点儿什么。

　　这些年在各地讲课，还有"每周蒋讲"专栏里每周发出的文章，让我认识了全国很多很多律师。我总是非常自豪：我也许是全中国认识律师最多的律师，而这其中，绝大多数都是青年律师。

　　许多年长的律师都曾试图给过青年律师们成长的建议，其中当然也包括我。我戏称自己是煲汤高手"，在每一次的交流中，我都希望能传递给青年律师们一些听上去还不错的建议。但是，所谓"心灵鸡汤"嘛，对青年律师们来说，"然并卵"。

　　然而现在我写上的标题，却是一句看上去更为"鸡汤"的话：其实你比想象的更强大。

　　毋庸讳言，青年律师被认为是律师界的"屌丝"。不仅仅是资深律师觉得青年律师没有经验，连一些青年律师对自己也没有信心。

　　我想说，我们从来就不需要用他人的成功来定义自己的成长。不活在那些律师前辈们的阴影里，挖掘出自己的力量，你会发现，你真的比想象的更强大。

## 一、遵从自己的内心，做自己想做的事

　　常常有人问我：蒋律师，我是选择综合性大所好，还是精品化小所好；是找一个好的专业领域重要，还是找一个好师傅重要；如果选择了这个专业领域，以后发展空间会不会受限了……

　　提问的人多了，反而让我觉得着急。因为我发现，许多青年律师都把精力浪费在这样的反复纠结中，迟迟没有走出重要的第一步；即使好不容易迈出了，也总是瞻前顾后，游移不定。

　　在这儿，我特别想和大家分享一个我的真实故事。

　　这个故事可以从我参加高考的那一年讲起。那是 1989 年，本来在模拟考试中取得了全省前三名成绩的我，却在高考前的体检中被医生检查说心脏有问题，拒绝在体检表上盖章，并且医生断言，我的心脏最长只有 20 年的"代偿期"。这是一个专业术语，通俗地说，就是 20 年之内，我的心脏必须换掉。

　　这让我失去了参加高考的资格。我本来几乎都认命了，打算安安心心在父母工作的湘西的那个纺织厂里当一个普通的纺织工人，好心的县教育局局长却在知道我的故事后找到了我，勉励我继续读书。他把我的故事讲给了负责高考体检的县医院副院长，带着我登门求情。最后，这位副院长终于被打动了，他说："我明年保证让你

通过体检。"

就这样，我侥幸在第二年取得了参加高考的资格，并且以全地区第一名的成绩考上了中国政法大学。但是，心脏的问题却成了我一直不敢和人提起的隐忧。无论是学校的体检，还是分配到最高人民法院工作后的每一次体检，我都会想办法悄悄地溜掉。这成为多年来压在我心头的一块巨石。

这样过去了六七年，当我想要转换职业道路，离开最高人民法院自己创业的时候，我的思想负担很重：万一我刚辞职还没赚到钱呢，心脏就出问题了，没有了公费医疗，我该怎么办？

为此，我做了两件事情。一件事情是去买了一份健康保险，这份保险我到现在还在续费；另外一件事情就是去北京医院挂了一个特殊专家门诊。这个专家叫曾昭耆，是著名的心脏科大夫。

老大夫当年已经70多了，满头银发，和蔼可亲。看到我来看心脏科，他十分惊讶："小伙子，你才刚29岁，这么年轻，怎么要来看我的心脏科呢？"我就把我高考体检出心脏有问题，这些年来一直不敢做自己想做的事情，以及我想换一个工作却又担心没有保障等等，原原本本地告诉了他。

老大夫拿着听筒，非常认真地听了我的心脏。放下听筒之后，他说："小伙子，我告诉你，你的心脏什么问题都没有！"

我当时就傻眼了。难道我这么些年一直担心的事情根本就是子虚乌有？！

老大夫接下来说的话却更让我感到震撼，至今记忆犹新。他说："小伙子，你知道吗？只要你自己想去干的事情，你就去干。如果你因为担忧心脏的问题，想做的事情一辈子都没去做，那才是最遗憾的事情！"

或许，我的心脏是不是真的有问题，在这位老先生眼里早就不是问题了。当人生回首，曾经的纠结不已，都不过是轻描淡写。我想，这应该是当初这位老先生70多年人生感悟给我最大的触动。

随着年龄的增长，20年早就过去了，我的那颗心脏一直都还在健康有力地跳动着。

今天在专栏文章中首次披露我的这段真实故事，是想把这位老大夫的这番话送给青年律师们。"只要你自己想去干的事情，你就去干。"别犹豫！

唯有这样，你才能体验一种没有遗憾的人生。

## 二、用尽全力去探索极限

许多青年律师对我说，道理我们都懂，就是难做到或者难坚持。

我想再和大家分享我的另外一个故事。那是我在最高人民法院的早期，我的工作和律师助理、行政秘书极为相似，甚至更为基础和繁琐。作为庭里最年轻的"小后生"，我要承担所有内勤工作，打水、拖地、擦桌子、整理材料、收发文件……

这样的工作似乎是相当枯燥无趣的。当时我所在庭的副庭长江必新，曾获"十大杰出青年法学家"称号，在迎新谈话时告诉我一个他的秘诀：每天不论工作再忙再累，坚持读书两个小时！这段听似简单的话对我的影响极大，我努力践行。下班之后，我会留在办公室看书、写作，撰写案例，甚至开始编纂专业书籍。那段时间，我给自己定了个目标，要求自己每天写一万字，常常从下班之后便沉浸在"笔耕不辍"中，清晨四五点，抬头看窗外，东方已经泛起了鱼肚白，于是在办公室把两个凳子一拼，和衣躺下睡上两三个小时，就又开始新的一天工作。

六七年过去，我出版的书摞起来竟有半人高。当时法律出版社的开户行是工商银行长安街支行，我去取稿费的次数多了，连办理这项业务的大姐都已经认识我了。她每次看见我在柜台前就和我打招呼："小伙子，你又来领稿费了？来来来，这次是几万块钱？"那个时候，我每个月的工资只有300多块钱而已。每次闻到新书的墨香、领取"巨额"稿酬，我都感觉人生如此幸福满足！

这段日子让我体验到：人生就像拉健身弹簧，你能把这个弹簧拉多长，完全取决于你自己有多用劲！

或许，你之所以觉得自身能力有限，是因为你从来没有把弹簧拉到过接近极限的长度。每每把弹簧拉到一定程度，刚开始觉得费劲，你就把它松回去了，但如果你经常把弹簧朝最极限的长度拉，你再次把弹簧拉到极限其实并不困难，至于拉到一般人拉到的长度，那就更是稀松平常。

这段时期的"极限弹簧"训练，不仅仅让我获得了写作之初没有想到的大量著作和稿费，也大大提升了我的疲惫阈值和应对所有可能的困难的能力。

我相信，当你真正下定决心，把你的精力、你的热情、你的时间都倾注到某项事业中去时，你其实就为未来留下了无限的可能性。因为，你会对自己的能力更有信心，你会遇到那个更强大的自己。

## 三、抓住眼前的机遇

去年 11 月份的一个傍晚，我和三位沪上律师好友在上海黄浦江边的香格里拉饭店畅谈。他们是方达律师事务所的创始人周志峰、中伦律师事务所的联席管理合伙人乔文骏，还有通力律师事务所的创始人、上海律协会长俞卫锋。

聊的时候发现，四个人都是 70 年、71 年出生的。我们笑谈，当今的中国律师行业，是以 60 后为领军人物，70 后为中坚力量，80 后为新生代的一支队伍。正如我们这帮人在过去 10 年、20 年的逐渐成长一样，完全不需要预言，再过 10 年，这个行业就会由 70 后领军，以 80 后为中坚，90 后为新生代；那再过 20 年呢，我们几个肯定该退休啦，那时，这个行业就会由 80 后领军，90 后为中坚，00 后开始崭露头角……

我们都不约而同地感慨，正如眼前这黄埔江水必将东流入海一样，在律师行业里，同样也是后浪推前浪，永不停歇。

对青年律师来说，这恰恰是最大的机遇所在。十年一代人，无论现在多么资深和优秀的律师，总会渐渐淡去，甚至完全退隐江湖，而崭新的未来正等待着新一代的青年律师来引领。

互联网领域里有一句常说的话，叫作"得屌丝者得天下，得屌丝者得未来"。我说，中国律师行业也必定是"得青年律师者得天下，得青年律师者得未来"！

青年律师们，当未来来临的时候，再回首，你会发现自己竟然比想象中更强大！

行文至此，不知不觉，天色已经微亮了，必将到来的明天已经来临。

前不久我刚过了 45 岁生日，正式告别了青年，步入中老年的行列。今天的青年节，也是我第一次没有资格过了。在此，请允许我以此文，以一个中老年律师同行的身份，向所有今天过青年节的全国的青年律师们，不论我认识的还是暂时还不认识的朋友们问好，愿大家享受这个专属的节日，享受成长的快乐！

# 新年献词 |2017，成为更厉害的自己 *

原文发布于2016年
12月31日。

## 对话过去的自己，以终为始，关注成长

我常常也会焦虑，这种焦虑往往不是因为当我产生一个想法的时候，我不能立即将它梳理清楚，而是当我着手实践过一段时间之后，我依然不能参透，那我就会很沮丧，觉得自己毫无长进。这时候，缓解负面情绪最好的方法是，停下来回看整个过程。

我把这个回看的动作叫作"与过去的自己对话"——站在此刻，以一个过来人的身份去看当时的问题，我会问自己想对过去的自己说些什么。这是一种"以终为始"的态度，它帮助我时刻关注自己有没有变得更厉害。

无讼实施的"项目管理"就是在践行这个态度。团队通过"立项"制定战略规划，并以三个月为节点设立项目目标，集中攻克。每次项目结束，我会和团队成员一起，回顾这三个月的得失。我常常会问他们这样一个问题：如果让现在的你倒过去三个月，会不会比之前做得更好？他们每一个人都会或心满意足，或眼泛泪花，或斗志昂扬地回应我："一定会的！"

因为，他们起初面对新的项目任务，大多并不能清晰地讲明其中的关键步骤，但当他们经过不断地回头总结，学会主动去调整"奇妙等式"中的举措，就具备了把考虑问题的角度提升到更高层面的能力。这份成长比项目完成本身更令人惊喜。

"以终为始"，站在终点的你如果已经有足够的能力带着过去的自己走出迷茫，那么"成长"已经在你身上悄然发生。如此，不必纠结何时会升职加薪，是否能走向人生巅峰，你的成长自会得到应有的回报。


## 想象未来的自己，有效努力，拥抱时间

我们所经历的一切，让你我变成了现在的样子。而此刻我们所有的憧憬，决定了未来的方向。

其实，小时候我们也想象过未来的自己，当被问到"长大了想要做什么"时，仰着头盘算着到底要做"科学家"还是"白衣天使"。后来，随着年岁的增长，我们并没有得偿所愿，而是变成了现在的自己，过着满意或者不尽如人意的生活。

现在我们依然对几年后的自己有所期待——我们希望变得更厉害，但与小时候不同的是，我们有了规划未来的能力：是单纯地挺住而活下去，还是活得更精彩，取决于你我是否能够把"厉害"这两字拆分成一个个可执行的动作。

## 1. 想象自己的人物设置，遇见可能的未来

几天前，微信之父张小龙在演讲中提到他对"不克制"的理解——不克制是在想象力上的不克制，不要压抑想象力，也不要局限于自己最擅长的领域。这是一种人生格局，你只有首先想象出你站在最高处的样子，才能知道要经历怎样的崎岖坎坷方能通达。

过去常常会有人问我，蒋律师，你的背后是不是有一个强大的战略团队在为你出谋划策，不然为什么天同和无讼一路走来的每一步好像都是在为后来的规划提前布局？

我总是很坦诚地告诉他们，我们并不是在一开始就预测了未来，更没有什么战略团队。只是，我们确实在我们的愿景里想象过我们希望充当的角色。我们从来没有克制过这种想象，拨弄风云或者引领潮流都曾被我们写进蓝图，实现愿景的动力促使我们走出舒适区，不再只局限在本分之中，才有了突破自我的可能。

你不妨也来想象一下更厉害的你究竟会是什么样子，你期待的生活和你将会遇见的事物自然会督促你不辜负当下的韶光。

## 2. 将目标层次化，只做有策略的努力

所谓"知止而后有定，定而后能静，静而后能安，安而后能虑，虑而后能得。"

有了明确的原则和期许，你便可以根据自己的优劣势，在众多的可能中做出服务于目标实现的选择，制定每一步的路线以及如何走下去的策略，积跬步后实现飞跃，以至千里。

但是，跬步的积累不仅需要坚持，更需要制定策略。我们常常谈论意志力的重要性，认为无法坚持是因为意志力薄弱所致。

但意志力总有承受的极限，越是依赖，越是容易将自己逼向崩溃边缘。

在我看来，能让我坚持做某一件事的原因，一定是这件事带给我的丰盈感和满足感超出了我所有的付出，完成它所带给我的兴奋感足以使我从不停歇，甚至欲罢不能。这往往来源于我对这件事的清楚认识和规划，是每一个可具体执行的动作让我深入到事件本身，预见目标实现的进程，从而更有动力持续下去。

努力是一种才能，要通过后天的学习找到适合自己的方法，或是兴趣使然，或是扬长避短，或是利用工具，或是站在巨人的肩膀……这些有策略的努力，帮助我们把被动接受变为主动探索，找到自己的兴奋点，这样不必被意志力拉扯，便能顺其自然地做下去了。

### 3. 学会取舍和专注，从容应对时间

有了目标和可执行的策略，便可以付诸行动。但我们又常常被"时间不够用"这样的问题困扰，"没时间"已经成了很多人拿来搪塞自己的理由，有时是借口，有时更是实情。

"事情多"对于我们这个行业的人来说是家常便饭。我们希望能够同一时间处理更多的事情，但是从认知心理学的角度来讲，人严格意义上只能有一个"注意焦点"，通常我们觉得自己在同时处理两到三件事的时候，其实是发生了注意力的转换，效率并没有提升。

取舍和专注或许可以解决这一终极命题——把多种类型的事情分类、排出优先级，然后在某一个特定的时间内，专注于某一件或某一类特定的事。

　　常常有人问我如何平衡工作和家庭？我总是略带苦笑地回答，我们这种工作时间几乎占据全部时间的人，哪有什么"平衡"啊！但是对我来说，作为一个父亲，陪伴女儿是一件非常重要的事情，我不想让自己错过她的成长。所以，我会把"陪女儿"的优先级提前，比如，只要不出差，我一定会送她上学；每周我一定会安排两到三次给女儿讲故事哄她睡觉的时间。这需要我有意识地做出取舍，让其他日程安排为这件最值得做的事让步。

　　每周坚持写文章，是我让自己保持专注的好方法。现在"每周蒋讲"的文章已经积累了一百二十余篇，从行业发展、律所建设到诉讼技能、互联网法律服务，如果不是坚持写作，这些观点和想法也许只能如过眼云烟般散去，更不会在与大家的交流中碰撞出精彩的火花。

　　2017年，我依旧会坚持写作，希望回归我们每个人本身，关注自身的成长。说到底，任何行业、团队，甚至国家的变化，无外乎每一个人思想和认知的变化。接下来的一部分文章，我会借助读书分享的形式，依靠他人的智慧，结合我的切身体验，与大家深入探究如何成为一个更厉害的人。

　　"时光荏苒，岁月如梭，一年又这样过去了……"

　　记得大学时期，同宿舍的兄弟，每一年总结的开头都是同样的这一句。那时候表针滴滴答答走过，一面无声无息地催促着我们进步，一面看着我们手忙脚乱的模样哈哈大笑。

　　如今，2016年马上就要"又这样过去了"，我们能做的不是只有感慨，而是站在全部的现在，连接过去和未来，想象一个更厉害的自己。

无须再纠结究竟如何做，当你已经想好了以上几项，你只需问自己是否真心，自然会用心。

我们崇尚自由，但自由的前提是自律，而自律的结果是有更多的精力去做自己喜欢的事情，恰是真正意义的自由。

我们崇尚格局，但格局的前提是眼界，而眼界即为看见——"看自己、看天地、看众生"，恰是真正意义的格局。

不知道你此刻在做些什么，不知道你工作压力是否很大、生活是否顺利，但无论如何，希望你有更多骄人的资本，昂首挺胸地走进新一年。

愿明日阳光打在你的脸上，2017 年，你比今天的自己更厉害！

新年快乐。

# 五四青年节
# 写给青年律师：跑步时我在想什么？ *

*
原文发布于 2017 年 5
月 4 日。

"以后有机会，还要再跑一次！"

冲过终点线的那一刻，我大口喘着气，喉咙干涩，几乎已经说不出话来，双腿肌肉痉挛还在持续，感觉自己随时都可能倒下。但我没有料到，上一秒还在自我抱怨为何要如此受虐，此时居然会期待再跑一次。

"完成一次半程马拉松"，这在一年前，我连想都不敢想，但就在 4 月 23 日，在五岳独尊的泰山脚下，我和 700 位法律人一起完成了此生的首个半马。

除却多巴胺带来的无尽兴奋感，还有一半庆幸一半欣喜。庆幸的是，有了过去一年的积累，才有了支撑自己跑完 20 多公里的勇气；欣喜的是，跑步终于成了我日常生活的一部分，只要跑步，我便感到快乐。

# 慢慢来，比较快

2016 年初，那时我连走路两三公里都会气喘吁吁，但渐渐地，我发现身边跑步的人越来越多。我一直相信，一件被大多数人认可的事情，自有它值得尝试的道理，恰巧夫人给我从国外带回一双据说是殿堂级的跑鞋，我便有点跃跃欲试。

刚开始跑步的第一个月确实有些难以坚持下去，跑步的过程中呼吸急促、心跳加速、腿部酸疼，各种不适让我怀疑自己是不是适合这种运动方式，也给自己找了各种各样放弃的理由。

改变大概是从坚持 20 天左右开始的。大脑似乎形成了固定的兴奋点，哪怕前一天工作到深夜，都会在早上六点自然醒来，非要出去跑一圈不可。嗯，我知道，这就是跑者所能体会到的多巴胺产生后的兴奋感，据说和吸毒后的身体反应差不多。于是跑步开始变成一种乐趣。我也开始尝试制定一些有趣的小目标来激励自己，比如，5 月 1 日就跑 5.01 公里，5 月 2 日跑 5.02 公里，每天都比前一天增加 10 米。连续几个月下来，在国庆节那天，我跑到了 10.01 公里，正式迈入万米大关。这时，我深切地体会到，"简单的事情重复做，每天进步一点点"，我们终能达到一个以前难以企及的目标。

有一次在路上遇到一个慢跑者，他速度不快，我忍不住在经过他时加速超过了他，可就在我放慢脚步准备稍作休息的时候，他又不慌不忙地从我身边跑过，我再次加速，又在气喘吁吁时再次被他超越……我在一次次地加速、放缓中感到筋疲力尽，而他依旧踏着自己设定的节奏，越跑越远。

如果你也有跑步的经历，你一定也在某一条跑道上遇到过这么一个跑者吧，他们只专注于自己的呼吸，保持匀速、坚定向前，并不在意一时的速度，反倒越跑越快、越跑越轻松。

我们常常会因为渴望尽快看到一件事情的结果而急于求成，尤其是在年轻气盛的时候，为了快速提高业务能力或者拓展市场，恨不得步子迈得更大些，结果反倒手忙脚乱。你不妨先慢下来，找准自己的节奏，学会专注于当下，每一步都踏坚实，反倒更利于达成目标。

## 一群人，跑更远

渐渐习惯跑步后，我开始利用外出讲课或出差的机会，与全国的法律人约跑（哈哈，这不是四声那个字哦）。每到一个城市，我都会去寻找这里的最美跑道，在朋友圈发出邀请后，第二天早上总有一些志同道合的法律人朋友如期而至，一起享受清晨跑步的欢乐。我们曾经一起跑过的小伙伴，还一起建立了一个"全国法律人约跑群"。大家天天在群里上传分享跑步记录，互相鼓励帮助。

跑步是一件极其孤独的事情，可如果一群人一起跑，当彼此呼吸、步调节奏一致时，会形成一个"场"，这个"场"能聚合成一股更大的力量，给跑步群中的每个人加油打气！

这一年我领略过洛水的柔情，感受过橘子洲头的豪气，被跑步多年的大神惊艳过，也帮助从没有跑过 5 公里的律师朋友克服了生理极限，在杭州跑过西湖，在惠州跑过另一个西湖，在南宁跑过南湖，在武汉跑过东湖，在福州跑过最美的金鸡山环山道，在深圳跑过莲花山、深圳湾，跑过南京长江边，跑过兰州黄河边，跑过广州珠江边……

印象最深的一次是在珠海，沿野狸岛环岛线晨跑，忽然天边泛起红晕，海平面上出现一个彤红的圆点，接着就是满天红云，红日喷薄而出，周围全部被染上了金黄色，连身上都似乎在发光。我感到浑身都充满了力量，心想，就这样一直跑下去吧，上天一定还会在不经意间给予我们更多馈赠！

这一切曾经都是我的梦想，而现在正在一个个实现，之前觉得怎么可能发生的事情，不过因为大胆迈开了第一步，一切就顺其自然地发生了。

## 要享受，不坚持

泰山马拉松跑过后，我在朋友圈真实地记载了我的感受：15公里后，我开始双腿肌肉轮番疼痛，甚至有一瞬间后悔为什么非要来受虐。其实，当前程不明，信心不足时，每个人都会被"放弃"的念头干扰。只是，我清楚地知道，我热爱着我正在坚持的这件事，我在跑步中享受沿途美景，感受一呼一吸，哪怕在别人看来是很苦逼、难以坚持的事，我却和其他跑者一样，自我享受着奔跑带来的真实的欢喜和生命的律动感。

我一直认为，这个世界上其实没有什么是值得"坚持"的，这听起来似乎是一句负能量的话，但却蕴含深意。是的，就算意志力再强的人，若不喜欢，也坚持不长久，就算坚持下去，也是内心痛苦，于身心不益的。跑步也是一样，若你听完我的叨念，也想尝试跑一跑，要记得抛开身体能力的干扰，用心思考是否能够享受其中，若是，衷心期待你我有机会一同踏上跑道，并肩前行。

就在前几天，我第一次将5公里跑进了半小时，这对很多跑者来说，不算什么好成绩，但对我而言，这不仅是阶段性的进步，更是送给自己生命和心灵的一份大礼——原来你快不快乐，其实你的身体早有答案。

朋友送了一本村上春树写的书《当我谈跑步时我谈些什么》，并半开玩笑要我把跑步时我在想什么写一写。如果要说跑步时我到底在想什么，我想，也许是工作中的某一个灵感，也许是一些只有跑在路上才能体会的身体的快乐，也许就如村上春树所讲，"只是以空白为基轴，渐起渐涨的思绪"，天马行空却自在欢愉。

生活注定有许多无奈，如果不能左右其他，至少要成为自己身体和欲望的主宰，多做些更舒服、更有趣、更有意义的选择吧！

愿即便岁月流转、年岁渐长，内心依旧是此间少年。

# "改变世界，是活着的理由。"*

原文发布于2015年
10月9日。

关注我微信朋友圈的人都看到了，我前一阵子
干了件糗事：我在上海虹桥机场候机，准备飞去厦门
的时候，守在登机口，却硬是没听见登机广播，甚至
没听见登机广播里叫我的名字，生生地错过了那趟
航班。

当时在机场的我，完完全全被手里的书吸引住
了。这本极具魅力的书就是伊隆·马斯克（Elon Musk）
的最新传记《在火星上退休》。

当时，我在微信朋友圈里向大家推荐了这本书：

"他说，'人类应当成为星际物种'。这不是科幻
小说。他缔造了特斯拉，它发射了私人火箭，他推动
了绿色能源革命。还有他不敢想不能干的事情吗？国
内有些人很崇拜乔布斯，言必称苹果。其实，和马斯
克的三大创举相比，苹果公司的产品不算是技术突
破的产物。对我们的社会贡献更大的，是真正代表
人类进步的科技力量，而不是标榜自己是'技术改变
世界'，实质却只是疯狂地从一个时尚变化到下一个
时尚。"

其实，这并不是我的判断，而是出自 PayPal 联合

创始人、《从 0 到 1》的作者彼得·蒂尔（Peter Thiel）。他对伊隆·马斯克所创立的"能够真正代表人类进步的公司"赞赏有加。

趁着国庆假期这几天，我又把这本书仔仔细细地读了一遍，感慨无限。刚好，有许多朋友在我的微信上留言，希望我分享一些读书的心得，那么我就从这本书开始谈起吧。

## "改变世界，是活着的理由。"

当年少的伊隆独自前往美国读大学时，他这样对母亲说。

在大学里，他践行着"改变世界"的生活方式。当太多人都在琢磨什么是最好的赚钱方法时，他却总在想，什么是最有可能影响人类未来的因素。当太多人都渐渐和理想说再见，将眼光放得越来越小、越来越现实时，他却明确了这样的想法：有两个重大的问题值得研究，一是如何使得交通工具变得环保，二是如何移居另一个星球。

毕业后的他，把从 PayPal 中赚得的近 2 亿美元全部投入特斯拉电动汽车的生产，投入 SpaceX 的火箭发射项目，投入 Solar City 的太阳能基础设施建设。这完全与他的信念一脉相承：地球终将会毁灭，人类需要在其他星球继续生存；地球化石能源终将耗尽，人类要使用太阳能源。解决这些终极问题的第一阶段，就是将人送入太空，并登陆火星；将燃油汽车变为电动汽车，并以太阳能提供人类所需电能。这听起来有些不可思议，但他的确颠覆了人们过往的认知，挑起了汽车、太空火箭与太阳能发电三大尖端产业的革命。

这样的故事很容易让我们想到另一个人。"活着就是为了改变世界"，乔布斯的生活态度几乎与伊隆如出一辙。

所有取得巨大成就的人，似乎都有着远比赚钱伟大的理想。将目光盯在赚钱上，必然看不到真正伟大的变革方向，偏于保守，害怕冒险。"改变世界"的目标让视野变得开阔，找到真正的症结，在使命感的指引下所向披靡。

这样的传奇不应该仅仅是属于制造行业的。在我们的律师行业里，也完全应该涌现出更多不仅仅关心赚钱，而是专注于改变世界、改变法治状况的律师。只有这样，整个行业才可能更快地进步。

## "重新审视一切。"

颠覆性的创新如何可能？伊隆主张借助物理学的思考框架，重新审视一切。

在物理学的领域，讲的是不模仿也不推论，回归"原理"。要做一项无先例可循的挑战，必须不靠知觉，打破一些知识的藩篱。而要做到这些，最重要的就是回归事物本源，重新审视一切。

面对看似不可能降下来的火箭发射成本，他回归到了这样两个原理问题：火箭是用什么材料做的？这些材料的市价大约是多少？不过占开发总成本2%的材料成本让他相信，火箭的总成本可以大幅降低。回归交通工具的特质，他发现，我们所用的一切交通工具都是可以重复使用的，必须解决火箭的重复使用问题，才能成就跨星际旅行的航天文明。

恰好，最近我在读的另外一本书，理查德·萨斯坎德（Richard Susskind）的《法律人的明天会怎样？》，也提到了打破思维定式的重要意义。一直以来，人们习惯于通过熟人关系寻找律师，律师提供家庭作坊式的非标准化的法律服务是这个行业的主流。但萨斯坎德用大篇幅畅想了拆解法律服务过程，以及自动化法律文件生成、电子化的法律市场、线上法律指导等法律科技应用的可能。

他的出发点也很简单：法律服务市场面临着事多钱少、市场自由化和突飞猛进的资讯科技的挑战，法律服务必须变得更有效率。


## "把世上的'顶级能人'吸引过来，凝聚在一起。"

没有人能独自做出一番伟大事业，伊隆也深知这一点。但是，作为一家小小的初创公司，SpaceX 吸引到了来自美国几大火箭公司的核心人才却着实不易。

究其原因，除了伊隆自身"大我"的人格魅力、对能人知音般的激赏、求贤若渴般的激情、海纳百川的包容、骨子里的谦逊，真正提供一个施展才华的平台和一个宏大又切实的理想十分重要。

无论是科技公司还是律师事务所，如果想要真正吸引到顶级能人，最大的卖点不是薪酬，不是工作环境，而是一个真正做事、齐心协力成就一番伟大事业的平台。

一个好的律所管理者，就应该成为这样的一个平台提供者。他不仅需要为律师事务所的事业提供一个足以凝聚整个团队的目标，更要为人才的能力发挥创造最好的制度环境。世上的"顶级能人"都不愿意在无聊和低效中消耗自己的生命，如果有一个这样的平台，对他们来说一定是无法拒绝的诱惑。

## "要么不做，做就做到最好。"

伊隆同样是一个彻头彻尾的完美主义者。

在特斯拉，他担任着产品架构师的角色，全程参与。大到计划的运行，小到电池中的化学成分，以及发动机的性能和电力传输，他都会给出意见。在 SpaceX，他对火箭的里里外外都很了解，诸如表面材料的热处理温度是多少、选择哪种材料或焊接工艺等各种细节都会被严格把控。

他从来不为特斯拉和 SpaceX 的公关宣传花一分钱，而是凭借伟大的产品赢得了出众的口碑。

这其实是与互联网时代里的极致思维一致的。在互联网时代，同质化的产品和服务极大丰富，若是无法做到极致，注定会湮没在众多同类产品中。而极致的产品将会让人眼前一亮，由它创造的口碑远胜于任何公关宣传。

"伟大的公司建立在伟大的产品上，而伟大的产品，每一个细节都不应放过。"这样的判断，无论是对电动汽车、对火箭，还是对我们的法律服务，应该都是成立的。

# "如果你没有失败过，说明你不够创新。"

伊隆并非一帆风顺。在 2008 年的圣诞节前，资金流断裂、制造成本无法降低、无法实现足额量产导致特斯拉几近破产，SpaceX 制造的"猎鹰 1 号"火箭三次发射失败，烧光了所有的钱。

但他仍然坦然面对："想有未来，就要努力让事情向好的方向发展，否则就没有未来。失败并不可怕，重要的是我们能够从失败中学到什么。如何把这些经验运用到未来的尝试中，这才是我所关注的。"

这样的态度对创业者来说尤为重要，因为创业本身就意味着巨大的失败的可能性。但哪个创业者愿意走四平八稳的路呢？

拿伊隆的话来说，"如果你没有失败过，说明你不够创新。如果你失败得不够多，说明你创新得还不够多。"

一直以来，失败的恐惧似乎被我们放大了。这种恐惧甚至让我们限定了自己的能力，而没能真正意识到自己的能力有多大。但如果我们认定了自己认为是重要的事业，何妨冒险一试呢？"瞄准月亮，如果失败，至少也可以落到云彩上面。"在一个重要而伟大的方向上，即使失败了，也称得上虽败犹荣。

在距离破产只剩下两天的时候，伊隆变卖了所有东西，筹得 4000 万美元，孤注一掷。这一次，他终于救活了两家公司。

有人这样形容伊隆·马斯克："我喜欢将他比作终结者，他一旦确定自己的计划，就绝不停步。"这也正是让我感触最深的一点。

他并非未曾遇到困难，但在困难面前，他总有着一种"兵来将挡，水来土掩"的自信与从容。不懂编程，自学就是；不懂火箭，自学就是；遭遇失败，重来就是。那个方向强烈地吸引着他，他确定方向就在那里，需要考虑的只是如何达到目标的技术性问题，而解决方法总是有的。

这便是以改变世界为目的的生活方式。宏大的理想从来不应该因为它的"不现实"受到嘲笑，伊隆·马斯克恰恰说明了，理想越大，能力越大。

Part 2
# 律师业务能力养成

# 怎样"炼"成优秀的诉讼律师 *

原文发布于 2014 年 7
月 4 日。

这是不平凡的一周，许多律师事务所迎来了它们的新鲜血液——刚从各大法学院毕业的青年学生。我猜测你们的心中是既兴奋又迷茫：在法学院优异的成绩令你们骄傲而自信，但"纸上得来终觉浅"又令你们对于真枪实弹的庭审辩论忐忑不安。知识、经验、个性……这些都是成为优秀的诉讼律师需要考虑的因素，而你们每一个人都有创造优秀的潜质。

## 你的"优秀"如何定义

天同的 logo 上有一只鹰，鹰是天同的图腾，因为我们觉得，一位优秀的诉讼律师就是一只翱翔天际的雄鹰。

### 双目如炬，察秋毫之末。

诉讼律师要有一双锐利的"鹰眼"，以最快的速度看透案件的本质，同时在头脑中形成完整而清晰的印象。律师是个"讲道理"的职业。"讲道理"的本质是"逻辑表达能力",这是律师与其他职业人群最显著的区别之一。他们每天都在构建逻辑框架、铺设逻辑陷阱、规避逻辑矛盾、质疑逻辑漏洞。没有敏捷的头脑、清晰的思维、严密的逻辑,对于律师而言无异于灾难。

### 不鸣则已,一鸣惊人。

鹰不像聒噪的雀鸟,每一声长啸都有划破天际的力量。诉讼律师要有高超的表达能力,庭前可以沉默不语,而一旦走上法庭,要有如获新生的激情和活力,去发表观点,说服法官,掌控全局。表达的内容要言简意赅,表达的气势更要铿锵有力,能达到感染和打动人的目的。天同在进行校园招聘时,一个发挥重要作用的考察环节是"模拟法庭"的演练,考验的就是应聘者在法庭上的思维能力和表达欲望。

### 壮志凌云,扶摇直上九万里。

家燕一生只盘旋在低窄的屋檐下,而鹰却翱翔于最广阔的天地,即使环境恶劣、险象环生。但凡令人尊敬的诉讼律师,其人生境界像鹰一样豁达高远,体现为一种开拓进取、坚定果决、虚怀若谷的气度。同为律师,有些人日复一日地重复既有的工作模式,沦为做案子的机器;有些人则放眼整个律师行业甚至整个社会大局,敏锐地感知变革,积极地寻求创新,高瞻远瞩,想别人之不敢想,为他人之不敢为。

敏锐、严谨、果敢、沉着、进取,这些似"鹰"的特质,就是优秀诉讼律师的品质,也是青年律师要着力去培养的能力和气质。

# 你可以比天才更专业

你可能还在内心存有犹疑：我具备成为优秀诉讼律师的潜力吗？在律师执业的路上，我的付出是否会终有回报？我的答案很简单：坚持会使你赢得尊敬。

青年律师没有经验再正常不过，资质平庸也绝非无法升级。只要有决心、有毅力，就能成为优秀的诉讼律师。十几年来，我就亲眼见证了一个貌不惊人的小伙子一步步成为令人尊敬的大律师。

天同的业务主管合伙人陈律师，在天同的模拟法庭上，他的预判准确率常常令年轻律师们惊叹；在与客户谈判中，他简单的几句话便能戳中要害，直指核心。但十多年前，他从学校毕业成为我们团队的一员时，不仅毫无经验，而且资质相当"平平"：个儿不高，自信不足，说话还带着浓重的湖南口音。

但是，他从入职的第一天开始，就再也没有中断过成为最优秀诉讼律师的努力。我们也想了很多具体方法，来提高各方面的能力。

### 针对经验不足的缺点——研习案例。

最高人民法院每年陆续公布审判指导刊物，我们都会去认真研读其上刊载的案例，不仅是看，而且像做题一样，看完事实描述猜争议焦点，看完争议焦点猜法官态度，看完法官态度猜法院判决。这个做法陈律师坚持十多年了，不仅在他的脑子里形成了一个"案例数据库"，遇到哪类问题时就能迅速地调出"库存"，而且通过长时间的练习、对规律的总结摸索，逻辑思辨能力大大增强，遇到复杂的案子，自然就能更快地看穿本质，准确作出判断。

### 针对逻辑不足的缺点——抓要点，分层次。

律师说话要有逻辑、有次序、有重点，分析问题时也应层层剖析、思维周全。思维是表达的基础，表达也能带动思维的运转。除了在日常加强思辨能力的练习，我们还采取了一个最简便易行的方法：在任何场合开口说话时，不管怎样，先说"我要发表三点意见"，至于这三点是什么，边说边想。这样就能逼迫自己寻找问题的角度、层次，快速形成逻辑体系，然后在一次又一次的练习中不断强化。陈律师现在一开口就是"我发表三个意见"，大家一听就都乐了。

### 针对口音和表达的问题——读判决书。

每个人的发音，口齿是否清晰，普通话是否标准，吐音位置是靠前还是靠后，声源是沉在胸腔还是含在口腔，给法官和当事人带来的感受是不一样的，所创造的"气场"也是不一样的。关于陈律师的口音，我们所里的律师经常开玩笑说，如果按我们现在挑律师的标准，他第一轮就被淘汰了。但当时我们的解决办法是，拿着判决书念：原告，……被告，……本案案情是，……要做到让自己的嘴尽可能地张开，字正腔圆地去朗读。每天中午大家睡午觉的时间，陈律师就在办公室找一个角落叽里呱啦地练，硬是把说话口齿不清的毛病给克服了。

十几年后的今天，陈律师已经成为十分出色的诉讼律师，带领天同的律师团队解决了许多大案难案。当年那些看似蠢笨的办法，谁又能说没有意义？

而今天的青年学生们，你们有比我们当年更好的教育条件，也有远比我们优异的先天禀赋，有什么困难会令你退缩呢？

认真地审视自己，看到自己的缺点，也看到自己的优点，用虚心勤奋的态度，每日进步一点点，十年之后，你的高度将不一样！

## 你需要比全才看得更广阔

但，仅仅练好了诉讼的技能，仍然是不够的。虽然那是你进步的前提，但要成为真正的大律师，还要有开阔的视野、深邃的思想、永远进取的精神。真正卓越的诉讼律师，要不断地为自己抬高"优秀"的标准线，不断地寻求进步、挑战未知。挑战从何而来？

### 不断发展的律师行业。

"中国正进入诉讼爆炸的时代""司法体制改革深度'试水'"……这是一个律师们大有可为的时代，行业的发展进步是显见的，每一个细微的变化都是与作为个体的律师直接相关的。中国的法律服务行业并不缺少提供服务的律所和律师，但服务质量提高的程度远远赶不上数量增多的程度，专业化、精细化以及业务范围的扩大化是行业发展大势。紧跟大势，甚至去成为一个时代的弄潮儿，是青年律师应当具有的勇气。

### 不断变化的社会环境，尤其是宏观经济环境和经济政策。

中国正处于一个变革的大时代，政治、经济、文化各个方面全面转型，而经济方面的转型无疑是发展最快、影响最大的。经济环境的变化带来法律问题的增多和复杂化：某起没有先例的纠纷案件，可能就与新出的一项经济政策有关。对这些问题的敏锐把握，有利于律师寻找最有利的发展路径，在将来的成长中把握住时机。

### 不断创新的时代思维。

律师行业是一个传统行业，专业门槛高，技术发展慢。在这个互联网思维全面渗透的时代，各行各业都被其深刻影响。律师行业要跟上时代进步的脚步，应该由律师们主动寻求变革，塑造社会化意识和互联网思维，由内至外进行创新。青年律师乐于接受新鲜事物，思维活跃，更应成为创新的主力。

有人认为青年诉讼律师是诉讼律师队伍的"弱势群体"，初出茅庐，没有经验，没有案源，左支右绌；而我认为青年人恰恰是最有可能成为诉讼律师领头人的。你们年轻，有激情，有理想，可塑性强，若能有意识地、持之以恒地锻炼和提升自己，必能成为业界翘楚。

在前行的路上，很高兴有了你们为伍！

# 诉讼律师如何提高专业性 *

原文发布于 2014 年 7
月 18 日。

上周我们讨论了法官和律师谁更专业的问题[1]，话题抛出后，收到了朋友们许多反馈，有认为说得有理的，有认为尚待商榷的，也有认为两者无法比较的。事实上，对法官与律师进行专业性的比较，并非一定要给两者分出高下，两者也不存在绝对的优劣之分。我们只希望，法官和律师作为法律职业共同体的重要组成部分，能在比较中进步，在比较中互信，共同推动法治建设进程。

进步永远是一个过程，专业永远没有尽头。在我看来，以追求极致专业为目的，以下标准、做法才是民商事诉讼律师及律所应该坚持的：

### 第一，诉讼律师有细致的专业定位。

不仅要把诉讼业务和非诉业务分开，还要对诉讼业务不断进行细分。除了进行民事、刑事、行政的大方向分类，还可以在大类下做进一步细分。比如在民商事诉讼领域，可以分为专做建筑工程的、专做公司

---

1　参见"每周蒋讲"专栏文章《法官和律师谁更专业？》，发布于
2014 年 7 月 11 日，收录于本书"律师、法官与法律生态圈"一章。

股权的、专做合同纠纷的，等等。近年来出现了一批专注于单一业务领域的律师事务所，有专做交通肇事案件的，有专做知识产权案件的，有专做能源环境的……这其实就是律所发展方向的一个反映。

**第二，诉讼律师有大量的案件供其研究。**

只有在诉讼律师的专业定位相当明晰、相当突出之后，才会有大量的客户上门，才能有机会大量接触某一类型的案件。诉讼律师不能"挑肥拣瘦"，只盯着"油水多"的案子，而是要认真对待每一个案件，把每一个案件都当成锻炼自己专业程度的机会。尤其是对于青年律师而言，初出茅庐，能够接触的案件比较少，即使律所每十件案子中只决定代理一件，剩下的九件案子对于他们也都是很好的练手机会。不要认为研究这些收不到律师费的案件是浪费时间，你从大量办案中收获的经验，能在未来创造更大的价值。

**第三，律所内部有明确的分工合作。**

我常常听到一些优秀的年轻律师表达这样的渴求：我想去一家律所，只专心做案子就好，别的什么都不用想。诚然，见客户、拉关系、整理文件、打印、复印……浪费了律师们太多的时间和精力。因此，律所应把做市场拓展的人员和做案件业务的律师区分开来，使律师能够专注于案件代理的本职工作。在此基础上，每个律师团队都要配上业务秘书，将律师从复印、打印之类的非技术型事项中"解放"出来，专心研究案件。

**第四，诉讼律师的办案方式更加细致。**

诉讼律师要养成书面工作的习惯，并将这个习惯贯穿工作的全程。初步分析意见、前期工作计划、阶段性工作报告、结案报告……律师办案的每一个环节都要有文书记录。这份记录可以呈现给客户，作为自己工作的证明；但更主要的是方便自己厘清工作思路、及时总结经验教训。

### 第五，诉讼律师结成共同讨论的办案团队。

相信大家都有这样的感受：当手头办理的案件遇到瓶颈时，特别希望能有人和自己一起讨论案子，哪怕是别人的一下点拨、一句玩笑话、一个奇思妙想，都很可能使陷进死胡同的自己豁然开朗。因此，律所内部可以就每一个案件组建一个小团队，大家集体办案；同时建立起对疑难案件讨论和把关的机制，对重大疑难案件进行更高层次的讨论，以集体的智慧攻克难题。

### 第六，诉讼律师建立起了自己的专业门槛。

诉讼律师所需的技能和知识并不比非诉律师低，在引入人才时就应该慎重选择，提高标准，而不是对能挂靠、能找到案源的求职律师来者不拒。每家律所都应该建立起自己选拔人才的标准，对于不同层次的律师，如辅庭律师和出庭律师，人才标准要有所区别。对于没有工作经验又找不到案源的法学院毕业生，律所要承担起相应的责任，保证他们有一个相对较高而又稳定的收入，使他们能够安心地在诉讼行业实现理想。

### 第七，诉讼律师有更完善的职业培训。

放任自流不是一家负责任的律所对待人才的态度，在未来，律所应成为培训诉讼律师专业能力的主力。律所培训可以采用多种方式：一是进行诉讼相关专题培训或讲座，由资深律师负责将新的法律法规和案例进行整理传阅，就热点和难点问题进行专门研究，定期举办研讨会将其研究成果报告给全所律师；二是同一团队的资深律师对青年律师言传身教，指导他们的日常工作，包括修改文件、讲解重点难点等；三是全所内部可固定召开业务会议，由合伙人律师负责总结上周本部门各项业务的进展情况，并结合上周案例评析对本所业务的影响，提出工作建议和提示。

而律协作为律师培训的重要力量，需要改革现有的培训机制。一是要尽量固定培训时间，方便律师合理安排自己的计划，为培训留出时间。二是要增强课程设置的系统性和计划性，使培训更成体系。三是培训要侧重于诉讼技能的培养和技巧的传授，使培训课程能切实与律师的日常工作挂钩。而这又可以从三个方面着手：首先，注重实操性，要告诉听课律师一步一步该怎么做。其次，注重互动性。如果老师在台上讲课累得半死，台下的人昏昏欲睡，培训没有任何用处。最后，注重参与性。教再多东西，如果不亲身体验一下，是记不住的。例如，模拟法庭就是一个很好的参与互动环节。

**第八，律所有良好的软硬件条件和较高的信息化程度，能够跟上法院在国家资金支持下发展的步伐。**

律所的硬件设施，如工作环境、工作设备等，与律师的工作积极性和工作效率有很大关系，是提高律师专业性的前提条件。在保证硬件条件的基础上，律所更应该加强信息化的软件建设，既要配置先进的办公系统，辅助律师的办案，提升办案效率，又要使律所内部、律所之间实现沟通协作的零障碍。

　　冰冻三尺非一日之寒，以上几点建议，或许在短时间内难以做到，但却是值得我们努力的方向。法律职业共同体的建设，不能存在任何一方的短板，诉讼律师与法官在专业性方面要齐头并进，共同进步。

## 诉讼的技术："三大诉讼法宝" *

原文发布于 2014 年
11 月 21 日。

"打官司就是打关系"这个说法，在坊间似乎颇为盛行。这真的是害了诉讼律师：当事人会说，搞关系这事儿，与律师的诉讼技术无关啊！我们有些诉讼律师也自暴自弃：我做再多的案件准备，我在法庭上的表现再好，也不如去找人走走关系。

诚然，我们国家的法治环境还不是那么理想，司法改革尚任重道远。但如果在诉讼律师的认知中，放大这种现象，有时自觉不自觉地也为我们这些诉讼律师找到了一个怨天尤人的"借口"，那就是：既然这个世界存在不平，那我就"随波逐流"，至少是放弃努力。

于是有些诉讼律师或多或少地就出现了一些毛病，我把它套用好莱坞一部电影的片名，总结为"七宗罪"：

1. 跟随法院节奏，缺乏自主工作计划；

2. 工作随意性强，缺乏工作时限观念；

3. 单兵作战为主，缺乏团队协作能力；

4. 口头汇报为主，缺乏书面工作习惯；

5.注重关系维护，缺乏业务深入研究；

6.诉讼偶发性强，缺乏客户维护方法；

7.强调个案胜败，缺乏知识管理总结。

究其原因，这"七宗罪"的产生，都与那个"借口"有关。"与其诅咒黑暗，不如燃亮灯火。"（出自何帆主持的"燃灯者"书系广告语。）我们诉讼律师可以从改变自身入手，提升自身的业务技能，提高诉讼技术。

那么，诉讼到底是不是有技术可言？诉讼的技术到底能够如何发挥作用？确实，这已经不限于如何办好一个案件。在我的观念里面，对诉讼技术的推崇其实植根于对法庭的信仰。如果律师能够用好诉讼技术，获得了法庭正向的回馈，法官觉得你把这个事情说清楚了，或者你说的这个事情让人更容易明白了，那么它会激励律师，认为法庭是有技术可言的，认为自己是可以通过诉讼技术的准备去说服法官的。那最终可能起到的作用，就远非一项技术这么简单。

"用技术驱动法律"，对诉讼技术的推崇，植根于对法庭的信仰。十多年来，我们潜心研究诉讼技术，归纳并推广了"诉讼可视化""模拟法庭""知识管理和案例大数据"这"三大诉讼法宝"。

## "诉讼法宝"之一：诉讼可视化

我们认为，诉讼的本质是一种信息的传递。案件信息传递的链条很长，容易失真。当事人所描述的案件信息从告知律师开始，到律师参加庭审传递给合议庭法官，到历经法院层层审批，最后做出裁判，可能会经过十多个甚至更多的信息传递链条。而信息传递的一个不能否认的特征，就是容易失真，而且链条越长越容易失真。因此，即便在不受任何干扰的"真空"环境下，裁判也有可能出现信息传递的不准确。所以，我们认为，如何保证信息传递不失真，如何保证信息快速简易地被理解、被传递，就是律师帮助当事人所需要发挥的作用。

人类获取信息主要是靠眼睛，从传播学的角度上来说，眼睛喜欢"挑肥拣瘦"，它更容易理解的是图形而不是文字。近年来，可视化逐渐在各个领域运用，简单说就是把语言、文字变成图形或者视频。诉讼可视化，就是把可视化方法用于诉讼，让当事人、法官不仅能读到、听到案子，还能"看"到案子，这是我们改变传统诉讼模式的一种尝试。记得在天同成立之初的 2004 年前后，我们就推行"两张图"工作法，即每个案件要画两张图，一张"案件事实图"，一张"法律关系图"，这就是诉讼可视化的早期雏形，在我们早期出版的案例选中，就有不少案例使用了图表；2009 年前后，经天同的年轻辅庭律师们实践，我们把这一工作法归纳为"用图表说话"；2011 年底，在天同举办的首届律所主任论坛上，郑玮律师代表天同作"诉讼中图表的运用"的主题演讲，首次在律师行业中公开我们对诉讼图表的经验；2012 年初，我在微博上首次提出天同"三大诉讼法宝"，把诉讼可视化列为"三大诉讼法宝"之首。

### 1. 可视化有什么好处。

可视化能够更有效地传递信息。有些案件当事人众多、诉讼程序拖得太久，不容易说清楚或者写清楚。我们曾代理过一起股权纠纷案件，三十多本案卷，事实情况非常混乱，其中有两家公司名称竟然完全一样。在庭审中，我们提交了一张以公司组织结构为基础的事实情况图。法官一直把图放在手边，还总是对照翻阅案卷，开庭效果非常好。

**可视化能够更直观地展示信息。** 在一起建筑工程案件中，各方争议的焦点是数十栋楼房的施工进程。为了更直观地还原事实，我们根据每栋楼的施工进度画了一系列的图，然后把它们组合起来。在法庭上，当我们给法官展示时，他看到的是楼房一栋栋建起来的过程，而不是枯燥的数据。

### 2. 怎样实现可视化？

可视化是一种思维，要熟练使用，还需要配合一定的方法。例如，我们就将图表可视化的方法总结为"三步走"。

**第一步是拆分要素。** 每个诉讼案件都能拆分出事实、争议、证据、论证、法律、法理、习惯、案例等内容，这些信息是零散且相互独立的，需要转化成构图要素，也就是人物（主体）、关系、时间、行为、背景、目的、发展、结果。通过拆分要素，可以明确图表展示的核心内容，例如，建筑工程工期纠纷的核心是时间要素，民间借贷合同纠纷的核心是行为要素，增资合同纠纷的核心是主体要素等等。

**第二步是搭建结构。** 诉讼案件中最常用的图表结构有三种，分别是时间图、结构图和流程图，我们称之为"三原图"。律师可以根据对案件要素的拆分，决定独立或结合使用三原图。例如，在国有土地使用权出让合同纠纷中，既可能涉及土地收储、变性、招拍挂的流程，又需要审查各方在不同时间节点的义务履行情况，所以可以把流程图和时间图结合。又如在股权转让合同纠纷中，将结构图和时间图结合能够更好地展现不同主体间的股权流转过程。

**第三步是修改加工。**完成一个草图后，律师还要进行润色：一是内容修改，剔去无用信息，突出争议焦点；二是图形修改，调整图形线段的大小、位置，并区分着色，增加图表的适读性；三是结构调整，使图表在整体上更接近完美。

说实在的，最初我们也只是把图表当成工具，但随着这两年我们在同行中广泛交流推广，诉讼可视化已经成为行业中一项备受关注的诉讼技术，越来越多的律师和法官接受图表、研究图表，不断在法庭使用图表。苏州良翰律师事务所的刘宏伟律师在微博上说，有一次他在法庭上使用了图表，法官在庭审结束后亲自把他送到法庭门口，对他说：你们现在办案子都画图吗？要是以后律师办案子都像你们这样，那我们法官就轻松多了。我听说一个中级法院的院长在全院法官培训会上说：现在律师界在推广诉讼图表的工作方法，这个值得借鉴，以后我们法官办案讨论中也可以使用图表。

诉讼可视化直观、简单、易用，符合每个人过往的工作习惯，使用体验很好。当一项技术成为围绕法庭的法官、律师们共同使用的技术时，职业共同体的氛围将越来越浓厚。从这个意义上来说，虽然诉讼可视化是一个"小"技术，我们却是从"小"入手，牵动着法律人的大情怀。或许这样一项普通的"小"技术，能让我们相信诉讼是有技术可言的，从而成为改变法律圈诸如"打官司就是打关系"之类的某些生态的先锋官。

# "诉讼法宝"之二：模拟法庭

诉讼律师热爱法庭，就像演员热爱舞台，但律师永远也不可能在法庭彩排。庭审是一个各方参与的不可逆的过程，为了获得最好的庭审效果，我们搭建了一个尽可能接近真实法庭环境的演练场，这就是天同的模拟法庭。

## 1. 模拟法庭能做什么？

高明的战士，追求胜于未战的境界。模拟法庭就有预判、备战、练兵三大功能，是实现胜于未战的法宝。

**首先，模拟法庭可以帮助律师预判案件**。预判案件是双向需求，客户需要知道案子有多大赢面，律师需要判断案件的风险点。组织这种模拟法庭的原则是真实，越真实，效果越好，说服力也越强。为了预判结果的"高保真"，我们安排律师从双方当事人立场分别准备，邀请退休法官组成合议庭，还请客户与我们的同事组成陪审团，严格按庭审流程进行。模拟结束后，合议庭作出裁判，并就合议过程和裁判理由回答客户疑问。

**其次，模拟法庭可以帮助律师准备庭审**。这种模拟法庭其实是律师出庭前的压力测试，因此秘诀是加大强度。合议庭成员未必外聘，流程不必参照庭审，所有参加者不受时间限制地对律师发问，核心目的就是检验他是否做好出庭准备。这种模拟法庭已经成为天同的传统，我们每一个案件正式开庭前都会举办，这使得我们的律师在正式的庭审中更自信、更从容。

**最后，模拟法庭还可以用于训练技能**。如果把庭审比作求婚，诉讼律师最大的悲哀就是永远不知道自己为什么被拒绝。庭审是不可逆的，大多数还是不可重现的，所以律师无法将法庭表现样本化，作为研究改进的依据。因此，我们需要练兵用的模拟法庭。这种模拟法庭的原则是全面记录、客观点评。我们根据受训律师的情况将模拟法庭分级，全程录像。庭审一结束，先进行复盘，总结策略运用，点评临场表现；随后让律师对照录像并可随时暂停，分析发言是否得当；还要研究模拟合议庭的录像，从而了解模拟法官对其表现的评价。

### 2. 天同模拟法庭的规则

模拟法庭是一种工作方法，组织方式和规模都可以根据需要进行调整，但有些因素可能大幅提升模拟法庭效果，我们将其归纳为天同模拟法庭规则，包括：

**外聘法官**。法官，尤其是同级别法院法官，在裁判思路上有很大相似性。组织预判性模拟法庭时，我们尽量聘请退休或离职法官，他们能帮助我们最大限度地模拟真实庭审。

**客户信息屏蔽**。组织预判性模拟法庭时，我们不会告诉合议庭谁是我们的客户，这是为了保证合议庭的中立性。

**庭前会议**。如果案件情况复杂，经一方律师发起，我们的业务秘书会组织庭前会议，目的是排除干扰信息，确定庭审焦点，从而提高效率。合议庭成员不参加庭前会议，业务秘书负责将会议结果以书面形式提交合议庭。

**客户参与**。我们会尽量邀请客户参加模拟法庭，这实质上是一种"用户体验前置"。

**复盘和答疑**。复盘是指在模拟法庭结束后，合议庭成员、双方律师、陪审团成员立即回顾庭审情况；答疑则是合议庭成员负责回答客户对庭审流程以及裁判理由的疑问。

**全程数字录像并即时刻盘**。这是为确保律师可以反复回顾庭审表现，进而做出更有针对性的改进。

### 3. 模拟法庭未来会怎样？

未来的模拟法庭会怎样？我想，一定远不止是诉讼律师的工作方法。

**模拟法庭可能成为一种替代性争议解决机制**。既然模拟法庭的预判是靠谱的，成本又低，那么双方发生争议时，为什么不能用模拟法庭来定分止争呢？伴随着互联网技术的发展，模拟法庭甚至可能突破地域限制，变成一种线上争议解决机制。

**模拟法庭可能成为诉讼技术培训平台**。也许没有人做过这个实验，让真实的法官和律师来一起打一场模拟法庭的示范庭，一直是我的一个梦想。在实践当中，法官和律师交流诉讼经验的机会非常少，而双方又都有培训诉讼（审判）技能的需要。如果能够由法官学院和律协或其他单位牵头，定期组织法官、律师开展模拟法庭，做成示范庭，可能对提高诉讼（审判）实务技能产生难以估量的影响。这样的"军事演习"，累积更多的经验和数据的前提下，甚至不排除有可能成为庭审制度改良、庭审技巧创新甚至是司法改革的试验场。比如"离席辩论"这个问题，开庭中，律师到底能不能、应不应该像在美国法庭那样离席辩论，一直困扰着律师和法官。我们可以通过模拟法庭来实验，看看到底各方驾驭能力如何，庭审效果如何。有些律师抱怨，说法庭不让站着发言，可是如果司法改革的进程神速，哪一天突然告诉你，律师可以"离席辩论"了，我们律师们自身的技能准备好了吗？

另外，模拟法庭是否有可能成为一个案件平台，我们也还在探索。目前，有很多的律师提出来希望与天同合作案件。通过模拟法庭的模式，我们当"蓝军"，也当"教练"，这可能是天同业务领域的一个新方向。我们的理想状态是，天同模拟法庭建设成为中国商事诉讼案件的演习基地，通过提供"对抗式模拟"及"教练"服务，不仅可以转化一部分案件，还可以帮助提高商事诉讼律师的业务水平。

## "诉讼法宝"之三：知识管理和案例大数据

我总听到年轻律师诉苦，说是为了查找一个类似案件，花一整天检索了几百个案例，最后还是没找到一个能用的。这说明，我们对知识及案例的收集和整理非常不好，目前市面上的法律搜索工具的用户体验并不太好。检索是诉讼律师的重要工作内容之一，也几乎是花费时间最多的工作，如何更快捷、更有效地利用案例？如何让律师对检索的体验更好？我们的解决方法就是"知识管理和案例大数据"这个"诉讼法宝"。

我们这里所说的知识管理，是把法官、学者过去写过的文章、法院的裁判观点整合在一起。为此，我们收集了尽可能全面地包含最高人民法院裁判观点的书籍，并且组织了专门的团队对他们进行电子化整理、编辑，形成一个知识库。同时，为了对裁判文书进行深度处理，我们将案件分解并整理成裁判要旨、案件标签、案情简介、实务要点、案件索引等板块，然后统一编码，形成了一套自己独特的民商事案例库。我们将知识库和案例库打通，就有了一个包含裁判观点、理论学说、司法裁判倾向意见在内的相对完善的数据库，"天同码"因此应运而生。未来我们会开放"天同码"的编码规则，让所有的法律人一起参与建设，而且这个数据库还会记录律师的搜索记录，从而提供更为优化的搜索结果。

知识管理和案例大数据带来的改变不可能只是检索，它们甚至可能改变律师的工作方式。一直以来，诉讼律师都觉得，经验是最宝贵的财富。但是大数据理论告诉我们，依靠经验其实是不得已的选择。一旦掌握了全数据收集和利用的方法，计算机运算可能代替律师的经验，而且还能够大幅提高案件预判的准确性。大数据还可能和模拟法庭结合，产生一种全新的案件评估机制，可能给诉讼技术带来我们以前难以想象的发展。有关案例大数据的应用及未来发展，我在以前的文章中有过详细论述，在此不再赘述。我能预言的是，在互联网时代，司法公开的大背景下，知识管理和案例大数据带来的有全新体验的、更受欢迎的法律搜索呼之欲出、指日可待！

从两年多前我在微博上第一次提出"三大诉讼法宝"的概念至今，我们对诉讼技术的推广未曾停歇过。近三年时间，几乎每个周末我都在全国各地与律师分享我们的诉讼流程标准化和"三大诉讼法宝"，现场听过我讲课的同行超过 3 万人次。

我告诉自己：从一点一滴做起，从改变自身做起。

# 法律服务的标准化之道 *

原文发布于 2014 年
12 月 28 日。

我在好多场合都说，律师是一个"匠人"，律师的工作其实就是"手艺活"。如何把这个"手艺活"做专做精，是我们毕生不懈追求的。

确实，律师日常工作中面对的要解决的具体问题都是个性化的，这就要求律师提供的服务也必须是具有针对性的、个性化的。"手工作坊"的特点就是单体生产，是一种个性定制。因此，从这个意义上来说，律师的工作能够达到"手工作坊"的水平，亦不啻为一种褒扬。

但"手工作坊式"的法律服务方式，也存在着难以回避的一些缺陷：

首先，难以保证服务质量的连贯性与可预期性。

对于一名律师来说，一次个案服务的成功，并不必然意味着其所有服务的质量与结果都能获得保证。因为在手工作坊式的工作方式下，成功的结果是偶发的、随机的，而最终能够带来成功的要素与原因又是极其复杂的，且一般具有极强的人身属性，甚至律师审查合同时的心情、出庭时的着装，都可能左右法律服务的效果与质量。这种情况不但可能影响既有客户的用户体验，而且对于正在或将要选择律师的潜在法律服务需求者来说，也难以从备选律师的历史服务纪录中获得值得倚赖的参考。

其次，难以形成品牌效应。

在传统工作机制下，律师一般都是独立完成客户委托事项，但律师在与外界打交道时，例如接受委托、出庭或出具法律文件，都需要以律师事务所的名义进行。问题在于，同一家律师事务所的律师，也往往风格、特点迥异，服务质量更是参差不齐。在这种情况下，整个律师事务所难以形成统一标准，也就难以实现积极的品牌效应。

### 如何解决上述问题？ 标准化能够给我们答案。

要破解上述难题，我们可以借鉴其他行业的成功经验。其实，人类社会的每个行业都曾或仍然面临上述"手工作坊"难题，而大多数行业已经走出泥沼，所依靠的就是标准化生产。

最早将"标准化"的概念带进生产活动的是福特。一百年前，福特将一条"流水线"装配在自己的汽车工厂里。不久人们就发现，与多名工匠手工打磨组件，一次只能组装一辆汽车的传统模式相比，从流水线上开下来的汽车，不但生产效率更高，而且由于各组配件都是统一生产的，标准化程度高，也更为精密，质量更有保障。这一新发明引得其他汽车制造商纷纷效仿，并迅速扩大至其他领域。就这样，福特用标准化的流水线塑造了现代制造业的基本生产方式，并彻底改变了传统手工作坊式的工业思维。

但律师提供给客户的，毕竟不是一个传统意义上的"产品"。法律服务是一个无形的过程，是一个充满变量并且需要服务供需双方随时互动的过程，而非简单的产品生产模式。十年前，天同律师事务所在业内最早提出"法律服务标准化"的设想并开始实践，对此，大家不无疑问：法律服务个性化特征如此明显，能够标准化吗？值得标准化吗？

经过长时间不断试验与探索，我们可以明确地说，法律服务也是可以标准化的；而且借由法律服务的标准化，将极大地提高法律服务质量，提升客户体验。

我们总结了法律服务的标准化之道：提炼要素，设计流程，尊重个性。

### 1. 提炼要素

标准化的前提与核心，是抽象化。一个事物，其结构、内涵越简单，就越容易被抽象；反之，内涵越丰富，结构越复杂，个性化要素越多，就越难以抽象，即使抽象出来，其普适性也较差。我们都认同，法律服务是一个复杂的智力劳动成果，如果将其作为一个整体，要在这个整体上归纳出什么普遍规律与标准，是非常困难的，效果也必定不好。因此，我们就需要采取"化整为零"的做法，将"法律服务"这个整体拆开，针对其各有机组成部分，分别提炼标准化要素。

在研究中我们发现，一个法律服务至少包含三个要素，即工作流程、参与人员与工作成果。如果从标准化的视角分别观察，就可以看到，法律服务的流程要求是可以标准化的，参与这个流程的人员是可以标准化的，在流程中所产生的阶段性成果及最终的法律服务成果也是可以标准化的。而它们三者之间的关系，又是以业务流程标准化为轴，以人员标准化为辅弼，以成果标准化为检验和修正的参考。我们相信，有了这三个"标准化"，就可以保证法律服务质量的统一性。

### 2. 设计流程

我们经常挂在嘴边的一句话是，"细节决定成败"，强调细节的重要性。但何谓细节，"细节"应当怎么拆分和形成，却是一个更值得思考、更应当关注的问题。所谓纲举才能目张，只有"细节"定位正确了，对细节的关注才能带来"成功"。如果从一开始对细节的定位就是错误的，在错误的细节上下再多功夫，恐怕也只能是缘木求鱼，愈发乖离。

在过去数年间，我与我的同事们归纳、整理出了一整套商事诉讼流程，这就是我们法律服务标准化的"细节"。这个流程共分七个阶段，包含了很多个标准化业务模块：

**立案阶段：**基本信息采集与录入、利益冲突检索、预立案；

**评估阶段：**确定承办团队、发送工作联系函、案件评估（或开评估庭）、提出初步意见；

**磋商代理阶段：**与客户正式会谈、发送前期工作计划、提交呈报文件（报价）；

**庭前准备阶段：**资料收集、资料核对与录入、制作案情摘要、制作案件图表、法律法规检索报告、案例检索报告、辅庭律师汇报第一阶段工作、与客户深入沟通交流、撰写法律文件、证据准备、所内讨论、协调模拟法庭时间、模拟法庭庭前会议、召开模拟法庭、庭后复盘、确定庭审策略；

**开庭阶段：**提交律师工作报告、提交证据、提交庭审所需材料、庭审提纲与思维导图、参加庭审；

**庭后阶段：**庭后复盘、提交代理意见、开庭工作报告；

**总结阶段：**结案报告、卷宗归档、向客户提交全套卷宗、案例撰写、知识管理。

更为重要的是，上述七个阶段的各个业务模块，并非仅仅是对我们日常工作习惯的简单拆解，而是基于对我们办理的大量案件得失的反思，从中提炼出每个环节、每个模块上的最优工作方式，又通过大量实践的打磨与不断修正，力争做到每一个业务模块都是对真实问题或需求的有效回应。

### 3. 尊重个性

虽然我们主张，为了应对市场和客户对法律服务质量保障的需求，我们需要提高法律服务的标准化程度，但正如我们一再强调的，法律服务不同于简单的产品生产，其标准化的要求与目的，也与后者不同。二者的主要区别在于：

首先，以大机器生产为代表的制造业，其标准化的初衷是为了生产的规模化，而法律服务的标准化则是为了提升服务质量的可预期性，改善客户体验，塑造服务品牌。法律服务，特别是诉讼法律服务，在任何时候都不应以机械化、规模化为其志趣。

其次，除少量定制外，产品生产的成果是无差别的类型化商品，而法律服务无论未来如何发展，都不能否定和摆脱个性化这一本质特征。

法律服务标准化对法律事务个性化的尊重，主要体现在标准化业务流程对个性化要素的包容能力方面。以上文我们所提到的天同标准化业务流程为例，整个模块体系虽然严谨、周详，但每个业务模块中都留有足够的空间，包容不同案件的个性化要素，以及不同客户的个性化需求。

### 标准化与未来法律服务互联网化。

随着互联网技术的突飞猛进，对于包括法律服务在内的大量行业来说，其原有的商业模式都受到了互联网的冲击甚至颠覆。在法律服务领域，也悄无声息地出现了一些改变，例如，在传统模式下，如果客户需要律师代为起草或审查合同，就需要向律师提供与交易有关的当事人信息、交易背景及己方的诉求，进行一对一的咨询；现在，我们在网上很容易找到格式合同文本，甚至有律师研发了一些在线工具，客户只要根据自己的需求勾选一些要素，就能立即生成一份法律文件。有些律师同行因此感到恐慌：这些网上法律自助服务工具的出现，是否会侵占律师的传统业务领地？

可以预见的是，未来随着互联网技术在法律领域的推广和应用，那些模式成熟、可复制性强的法律事务，律师的工作和机会将受到较大的"侵蚀"，而从事相关业务的律师、律师事务所必然要谋求转型。甚至于一些案情和法律关系较为简单的诉讼案件，也不排除以标准化产品代替律师个案服务的可能。

但同时，对于疑难复杂的诉讼案件，其要素繁多，类型化特征不明显，即使能够在公开裁判文书的基础上收集相关数据，由于其并非结构化数据，目前的计算机技术还难以提供如此强大的分析能力，因此对于该类型法律服务，整体标准化的进程最慢，也最难。

由此，我们的判断是，互联网时代法律服务的标准化将有赖于线上线下的结合，即线上利用可以被标准化的部分的流程和工具，线下提供个性化的服务，完成一个"O2O"的闭环。天同十年来在诉讼业务标准化、流程化方面的探索，正好为此打下了坚实的基础。我们现有的业务模式非常便于往互联网上迁移，这或许正是我们坚持探索了十年的法律服务标准化之道未来最大的价值所在吧！

# 律师，不要为败诉而哭泣 *

原文发布于 2015 年
10 月 23 日。

我在全国各地给青年律师讲课的时候，每每谈及我们对案件结果的预判和对办案流程的控制，总会有人问我这样一个问题："蒋律师，你们输过案子吗？"

"那还用问？当然输过了！"

全中国，乃至全世界，都不可能有只赢不输的律师。诉讼这种两造对抗的形式意味着，每个案件中都会有赢的一方和输的一方，律师胜诉和败诉的平均概率其实各是 50%。对任何一个律师来说，败诉都再平常不过了。即使是那些赫赫有名的大律师，也一定少不了输案子的经历。

因此，律师输案子，其实并不是什么大不了的事情。从根本上说，律师提供的是法律服务的过程，而无法主宰裁判的结果。律师应该控制，也可以控制的，是其提供的法律服务的质量。在案件代理过程中是这样，输了案子更是如此。

要知道，拿到裁判文书并不是律师提供法律服务的终点。至少，你还需要帮助当事人应对判决结果。尤其是，案子输了，当事人的沮丧一定百倍于律师，甚至会有很强的不理解情绪。这个时候，正是作为专业法律人的律师应该挺身而出的时候。

首先，你需要仔细研读裁判文书，弄清楚为什么会输了案子。

当初接下案子，你一定对胜诉有较大把握。但是，一纸败诉裁判却偏偏与你的预期背道而驰。为什么会出现这样的情况？答案全在裁判文书里。

仔细研读裁判文书，你会知道你提出的证据哪些没有被支持，理由是什么；你还可以看到在对法律条文的理解上，你和法官在哪些地方出现了分歧。面对裁判文书，你需要再问问自己：法官判得有道理吗？还是我的工作存在疏漏？

因为工作疏漏造成的败诉是最让人痛心，也是最能让人"长记性"的。

记得我刚做律师不久的时候，曾经输了一个案子。分析后我发现，败诉的确是因为我们有些方面考虑欠周全。自责和悔恨涌上心头，我趴在办公桌上大哭了一场，泪水滴满了裁判文书。

从那时起，我下定决心，要十二万分认真地应对每个案件，决不让自己再为案件后悔而哭泣。

其次，当你自己弄明白了问题所在，就应该诚恳地向客户说明情况。

不管败诉让你多么沮丧，让你觉得多么难以面对客户，逃避都不是解决问题的办法。作为律师，越是败诉，我们就越应该主动、诚恳地面对客户。

拿我们自己的情况来举例，如果赢了案件，我们会把裁判文书和案卷材料一并寄还给客户，这样就可以了；但如果案子输了，分管这一案件的合伙人，甚至包括我本人，就会亲自带着案卷材料登门拜访客户单位，向客户说明情况，参加对案子的后续研讨。

客户授权律师代理案件，是出于对律师的信任，这样的信任是我们无论如何都不能辜负的。

最后，即使输了案子，你也要努力为客户提供优质的后续服务。

在分析裁判文书之后，如果你觉得法官判得有理，不太有"翻案"的可能，你应该做的就是帮助当事人接受这个结果。

这样的工作甚至是你在接案之前就应该做的。当事人找到律师，往往只有一个朴素的愿望：希望律师能帮我打赢官司。但是，作为律师，你应该知道，你能做的只是帮助当事人向法官阐明法理，案子的输赢根本上取决于当事人诉求的合理与否。因此，在接案之前，你就应坦诚地为他们分析哪些期望可能得到满足，哪些无法得到满足，帮助他们形成对案件结果的合理期待。这样，即使案子输了，他们也更容易接受。

此外，在执行阶段，你还可以寻求执行和解，或者提出更好的一揽子解决方案。即使案子输了，你也有能力、有责任通过各种方式把客户的损失降到最低。

如果你觉得法官判得不对，或者觉得案件还可能有转机，那么，你应该积极为客户寻求法律程序内的进一步救济途径。

裁判结果的公布并非案件进程的终点。通过分析上诉（或申请再审）的可行性和必要性，谋划最佳的上诉（或申请再审）策略，或者向当事人推荐更合适的上诉（或申请再审）代理律师，你仍然可以为客户提供重要的帮助。这甚至可能帮助客户挽回局面，反败为胜。

所以说，输案子不意味着律师只能束手无策，败诉也并非律师执业生涯的污点。甚至可以说，没有打过败仗的将军不是好将军，没有输过案子的律师也不是好律师。

只有在一次次败诉中，律师才有可能发现自己在专业能力和质量把控上的瑕疵，进行升级和完善；只有在一次次败诉中，才能不断考验律师的应变能力和诉讼把握能力，锻造出好律师的风度和担当。

甚至，在相关领域的探索本身就是宝贵的财富。胜诉率固然重要，但律师在某一领域积累的经验，哪怕是败诉的经验，也是十分有价值的。这也正是我们新近推出的"用案例数据为律师画像"的互联网产品"无讼名片"从未强调"胜诉率"，而更看重律师在不同领域积累的经验的原因。

因此，律师如果输了案子，承担起责任，从容面对就好了。

在这个时候最为忌讳的，是不加区分地一概把责任推卸给法官。

我非常痛心地看到，有那么极少数的诉讼律师，败诉之后根本不仔细读裁判文书，不分析己方是否存在不足，而是一味指责法官，猜测法官袒护了对方，甚至告诉当事人：一定是对方把法官"搞定了"。

这是一种对人对己都非常不负责任的现象。

一方面，这会让律师无法认清自己的问题所在，无法及时解决这些问题，提升专业能力。这样的律师不管输多少案子，都是不可能把自己"输"成好律师的。

更为恶劣的是，这让法官背了"黑锅"，损害了法官的形象，而律师绝不会因此受益。虽然在当时的案件中，律师在当事人面前似乎洗脱了责任，但这将导致客户对法官、对法院，乃至对律师的不信任。他会觉得，既然律师也认为给法官送钱就能搞定案子，那要律师还有什么用呢？律师既然没有用，那我干嘛还找律师啊？甚至，下一次再遇到纠纷，他可能就不会再选择诉讼这种救济途径了。这样的情形多了，又有谁会找律师代理案子呢？

当然，目前的司法环境的确还存在着不足，我们也盼望它在未来日趋完善，但是，少数法官的司法不公，不应该成为诉讼律师败诉的借口和逃避责任的理由。只有你真正尊重法官和法院，始终用法律人的专业精神对待案件，客户才会同等地尊重你。

因此，输了案子不要紧。只要不输律师的风骨，败诉就没有什么可怕的。

# 律师时间管理的五个"小贴士"*

原文发布于 2015 年 9
月 4 日。

这几天，我们有了一个原本不在计划之中的小长假。不知道大家是在享受假期，还是需要为了工作而加班？又或者在忙于律师事务所内部事务的处理？

律师是一个表面风光，其实最苦逼的职业。每天围着案件转，围着客户转，但很难抽出足够时间好好打理生活，陪陪家人。

真的是这样。

比如我吧，有很多律师同行在微信上问我，说蒋律师，你既是天同律师事务所的合伙人，又要和无讼团队一起做法律互联网的创业，你忙得过来吗？

说真的，忙不过来。我常常开玩笑说，我是在同时打两份工。白天，我基本上是在天同这边，接待客户，和律师们讨论案子。到了下午五六点之后，我会花更多的时间在无讼这边，和无讼的小伙伴们讨论工作，往往第二天凌晨才回家。差不多每个周末，我都要飞到全国各地去讲课。事实上，我这接下来的两个月，周末都已经被排得满满当当的了。

我真的深切地体会到，为什么说时间才是最稀缺的资源。不管对时间的需求有多大，供给也不可能增加。需要做的事情太多，我只能把每天的这24个小时尽可能地利用起来，早起晚归，"压榨"自己的休息时间。

不过，除了这种缩短休息时间的笨办法，这些年来，我也"被迫"零零星星地积累起了一些充分利用有限时间，做好时间管理的"小贴士"。借着这周正值假期的"每周蒋讲"，把它们写出来和律师同行们尤其是律所管理者分享。

### 第一，"你办事，我放心"：搭好团队，充分授权。

在所有和时间管理有关的经验中，这一点或许是最关键的。在天同，几位合伙人志同道合，默契配合。无论是具体案件的承办，还是律师事务所内部具体事务的处理，各位合伙人分工负责。而在无讼，有极具才华、能力极强的编辑团队、数据团队、产品团队和技术团队，日常的具体事项，可以很放心地让他们去处理。而且，我们还有一个专门的人力资源部门，人才的选育用留都由他们负责。

"让专业的人做专业的事"，"学会充分授权、充分信任"，这样不仅可以让我抽身而出，而且能取得比我亲力亲为更好的效果。

### 第二，"生活永远在路上"：充分利用碎片化的时间。

我住的地方离办公室很远，我也经常出差，飞去全国各地，这也就意味着，我每天都有很多时间"在路上"。感谢这个移动互联的时代，坐在车上，我也可以一路上用手机处理很多事情。很多人奇怪为什么蒋律师可以加那么多微信好友，还能回复每个人的消息。其实很多都是在车上或在机场回复的。

此外，我还有一个在飞机上读书的习惯。甚至有的时候，我会在上飞机前在机场买一本书，在路上读完，离开就把书留在飞机上了——我知道，下飞机之后，我不会再有时间来读这些书了。

### 第三，"合并同类项"：关联事务"一勺烩"。

我经常要到许多不同地方出差，为了省去回程的时间，我常常连续飞不同的城市。基本上，每年都会有那么几次，我在一天之内飞四个城市。出差的日程，也基本是乘坐最早或最晚的航班，这样节约路程占用的有效工作时间，所以我经常是早上飞去一个城市，办完事当晚返回，不用在当地住宿。对于那些有兴趣来天同和无讼参观的同行，我也会尽可能地把前来参访的客人集中在一起。这样，既能有很好的交流气氛，又节省了时间。

为了平衡工作与家庭，我现在尝试出差时带着女儿一起，这样就能在高铁或者飞机上和她玩一路。到了目的地，她可以和当地律师朋友的孩子交朋友，我也可以腾出手来全心工作。

### 第四，"做时间的吝啬鬼"：不参加无谓的应酬，专注于既定的方向目标。

专心致志地工作和生活。我想，这与我一直信奉的"专注"理念是一脉相承的。

专注，真的是人生最美的礼物。

当你一心一意扑在某件事情上，你会发现你的工作状态是最好的。你可以在这个过程中探求更加极致的法律服务，收获不一样的执业感悟。即使是拓展客户，参加应酬也并非是最好的方式。当你专注在用更好的法律服务赢得更多客户信任上时，你或许自然就有了更好的答案。

### 第五，"集中力量办大事"：固定留出整片的时间，处理重要的事情。

常来天同和无讼的朋友都会知道，我很少把我们的会面安排在周一。这是因为，每个周一都是决策层开会，安排本周工作。我相信，琐碎的时间对处理重要的事情毫无益处。因此，我会把其他事情尽量排开，保证每个周一，我都能有一整天的时间，和团队讨论一些重要的事情。

家庭方面，只要不出差，每天早上，我都会雷打不动地送女儿上学，在路上给她讲故事，和她一起背诗。因为每天晚上加班，回到家的时候，女儿都已经睡觉了，我只能利用早上的时间了。所以，我的想法是，无论如何，我要尽量保证每天都有一段父女愉快相处的时光。

尽管我总结了以上这些"小经验"，但是，我仍然不敢说我的时间管理已经做得非常好了。或许是因为要做的事情的确太多，或许是因为还有许多低效利用时间的地方，许多时候，我也不得不进一步"压榨"自己的睡眠时间，把自己搞得疲惫不堪。

但我仍然是热爱这样的生活的。天同和无讼都让我充满激情。

而当你做着你真正热爱的事情，上班和休假其实没有区别。

只是，在如何充分利用时间这件事情上，我的确还需要进步。比如我最近觉得有些累，可能原因在于想干的事情太多，忙得有些乱了节奏。我一直认为：对时间的利用，只要把握好节奏，哪怕再忙，你也不会觉得累。就像我喜欢的游泳运动，其实只要你控制好节奏，游再长的距离，也会觉得很轻松。

所以说，律师的时间管理真的是一件值得好好琢磨的事。如果你也有好的方法和大家分享，"那便是极好的了"。

# 给青年律师的四个阅读小建议 *

原文发布于 2015 年 9 月 11 日，是蒋勇律师受邀参加北京律协举办的"青年律师读书沙龙"时的即兴分享。

很荣幸受邀前来参加今天这个由北京律协举办的"青年律师读书沙龙"首次活动，我想和大家谈一谈我自己的一些阅读心得。

大家都说，现在是移动互联网时代，此前闲置的碎片化时间现在都可以被充分利用起来。在上下班的路上，在候机的机场，我们都会拿出手机，看看朋友圈里大家分享的文章、订阅号里推送的文章。当然，如果大家不介意我在这里做个广告的话，或许还有无讼阅读 APP 上的法律专业内容。

有一些人认为，移动端的阅读只能是"浅阅读"：在互联网的巨大信息量和极快传播速度下，一种"什么都想有所知，不愿遗漏"的紧张感使得我们的阅读极难深入下去。他们对人们沉迷于这样的阅读状态表示担忧，因而号召回归书本上的"深阅读"。

这样的看法是有一定道理的，但还很不全面。

一方面，我看到许多作者在我们的无讼阅读 APP 上发表的文章，对实务问题和律师行业的问题的剖析非常深入；也看到许多读者在评论区里写下大段评论，很认真地分析讨论。这样的阅读不可谓不深入。

　　另一方面，法律人也并未对深度阅读失去热情。几天前，"类案裁判规则检索体系""天同码"预售。这部 7 卷、42 斤、7000 页、850 万字、价格 925.3 元的大部头，竟然在 12 小时内售出了 4745 套。即使在碎片化阅读时代，专业法律类的深度阅读仍然如此受到追捧。

　　所以，阅读的深浅，不取决于阅读的介质是手机还是书本，而取决于内容本身的深度。阅读质量的好坏，也不取决于阅读时间的长短，而在于你是否能够把握到阅读内容的要义，以及你花费的阅读精力是否与阅读内容的价值相匹配。

　　因此，与其说不应该沉迷于移动端的浅阅读，不如说不应该在仅供娱乐的粗浅阅读上花太多时间。都说"活到老，学到老"，对律师这个职业来说，今天的知识和思维方式可能明天就过时了，通过阅读这种方式不断自我提升尤其重要。无论这种阅读是借助于移动终端还是书本进行都没关系，真正重要的是把握恰当的阅读方法。

　　借这个读书沙龙的机会，我想和大家分享我在阅读方法上的四个小建议。

### 第一个小建议，阅读要"用脑"，而不是"用眼"。

　　无论读文章还是读书，保持均匀的速度，一字一句地读下来的阅读并不是最好的阅读方式。一方面，这样的阅读很浪费时间；另一方面，这样的阅读常有"只见树木不见森林"之感，只见文字，而无框架脉络。只有在阅读时不断主动地把握文章的框架，读起来才能更有侧重点。

## 第二个小建议，阅读要"趁热"，杜绝"拖延症"。

我想我们可能都有这样的体验，在微信或者无讼阅读 APP 上发现好文章，但却没时间仔仔细细地品读。我们会直接把文章添加进"收藏"，或者直接转发到朋友圈，心里想着等以后有时间了再来认真看。但我敢肯定地说，这些文章很快就会被我们抛诸脑后，永远不会再回过头来看了。而在书本阅读中，常常是"买书如山倒，读书如抽丝"。冲动性买书容易，可如果不是当时迫切地需要用到，书又常常被忘在一边，成为摆设。

对此，我有两个改善读书"拖延症"的小心得。

针对移动端的阅读，我发现了一个叫 Pocket 的工具型 APP。你可以随时把看到的好文章收藏在这里，对它们进行分门别类的管理。同时，它还支持离线阅读，让你在没有网络的时候也能静下心来读读好文章。

针对书本的阅读，我倒是觉得有的时候借书读比买书读更好。当我们拥有了对书本的使用权，就会觉得书已经属于我了，什么时候读都无所谓，慢慢地也就懈怠了。而当我们只拥有对书本的一定时间的使用权时，我们就更有动力在一段特定的时间内好好把书读完。所以有句话说，"书非借不能读也"。

所以，我们办公室建有公共图书馆，购买一些书籍供大家借阅，并且可以指定专题阅读时段，让借书者在指定时间内读书，并且要在读完后分享。

第三个小建议，"目的不同，方法不同"。

在此，推荐三种由浅入深的阅读方法。

第一种是为了扩大知识面的"了解式阅读"。

律师应成为法律知识上的专家，也应成为社会科学上的杂家，丰富对法律、商业和社会的认知。因此，经济学、心理学、管理学等等我都会多多少少读一些。

对于这类阅读，我一般都不会花太多时间。拿到一本新书，读读它的序言，看看它的目录，也就能对全书的框架有大致的了解。然后挑出那些全书最关键的章节浏览，基本也就能知道这本书讲了些什么。完成这个过程，两三个小时也就差不多了。

我在上一篇"每周蒋讲"文章[1]中提到，我常常在机场书店买一本书上飞机，在航程中就看完。有些朋友觉得这很难做到。事实上，我在飞机上的阅读，往往就是这样的了解式阅读。

第二种是为了学习新知的"分析式阅读"。

这样的阅读不再是泛泛地了解，而是要学到知识。除了通过了解式阅读把握文章大致框架和重点章节外，更要通过对重点部分的反复研读，对精细结构的反复梳理，把原本深奥难懂的内容内化为自己的能力。

写读书报告是让阅读变得深刻的重要方式之一。这样的读书报告一定不能是对文章中零散句子的摘抄，而是通过写文章帮助自己主动厘清作者的论证思路，提升自己在这一方面的能力。

第三种是希望精通某个领域的"研究式阅读"。

---

1 《律师时间管理的五个"小贴士"》，发布于 2015 年 9 月 4 日，同样收录于本章。

　　这样的阅读对于律师来说尤其必要。律师要走上专业化道路，其阅读也应该有自己的专业领域。对于自己赖以安身立命的专业领域，律师需要以十二万分的专注，弄清楚这个领域中的若干核心问题。

　　我的经验是，当我需要了解一个陌生的领域时，我一般会首先在网络上找一些相关的优秀文章来读。"站在前人的肩膀上"，可以帮助我们迅速了解这个领域。

　　明确这个领域的关键问题之后，我们可以通过这些文章的注释和说明，追溯这些文章参考的重要书籍，或者根据推荐有针对性地找到和这些问题有关的好书来做分析性阅读，形成对这个领域的体系性思考。

　　比如说，我准备"每周蒋讲"的文章时，会与我的研究助理提前几天乃至数周确定选题，然后就其中需要深入研究的问题查找资料，分头阅读相关内容，再反复讨论。我们都发现，只有当我们真正吃透理解了阅读到的内容，把它变为自己的思想，才能清晰地表达出来。每周确定一个选题，深入研究一个新问题，形成自己的观点并表达出来，传递给读者。在这个过程中，我也真正享受到了阅读的无穷乐趣。

　　**第四个小建议，在阅读中融入社交。**

　　我想大家都会有这样的经验：如果看完一本书后可以向别人讲一遍，我们对这本书的记忆和理解会更强。尤其是，如果我们知道读完这本书后将要与特定对象分享，这会反过来促使我们以更积极主动的心态去把这本书读完。我们今天的读书沙龙就是典型的例子。

在今天的移动互联网时代，社交带来的效果更为神奇。

我们好多人有这样的经历：跑步锻炼本是一件极为枯燥单调的事，但自从我们用了微信运动、小米手环，每天能看到自己和好友的排名，跑步就变成了社交，枯燥也变得有趣了。

我想，阅读也是这个道理。如果把社交元素融入阅读，这件同样有些枯燥的事情就会变得有趣。我们在社交中阅读，在不知不觉中大有收益。

事实上，我们的无讼阅读APP在设计元素中就重点考虑了基于阅读场景的社交。在每一篇文章下方的"在读"一栏，你都可以看到有哪些人最近也在读这篇文章。此后，我们还会引入基于位置的服务，让"在读"发展成为"附近在读"：你可以看到附近和你阅读同一篇文章的人。到那时，你或许就可以约旁边那位和你有同样阅读兴趣的美女律师一起读文章啦！

说笑归说笑，但是，我是真的希望大家能够保持思考，保持阅读。毕竟，除了学习新知，便利工作，阅读还是我们在有限的生命里获得最大延展的最佳方式。

生命不息，阅读不止。与大家共勉。

Part 3
# 客户管理方法论

# 诉讼案源哪里来？ *

原文发布于2014年
10月24日。

案源问题或许是律师"心中永远的痛"。一些从业多年的诉讼律师都没有安全感，他会说，今天手上这个案子做完后，天知道下一个案子什么时候来找我，就像多年前一首流行歌曲唱的那样，不知道"明天的早餐在哪里？"

非诉讼律师日子似乎就好过多了，只要维护住企业客户，就有了稳定的法律顾问业务来源；而诉讼业务具有偶发性，客户什么时候会遇上诉讼，是不确定的。我们总不能去催问："你怎么还不打一场官司啊？"

这事儿其实挺像地震的。地震绝对是偶发现象，某一个地方什么时候发生地震，我们无从准确预知。但全球大大小小的地震统计在一起，每年有500万次左右，其中6级以上地震，每年在200次到300次。科学经验表明，地震发生是有一定规律可循的，比如板块交界处或者板块内部的断裂带，就会是地震的高发地带。某一个公司什么时候发生诉讼，我们无从预知，但每年全国法院新收民商事一审、二审、再审案件近800万件。这就告诉我们，不是没有案源，而是我们如何从偶发的现象中去找到那个"板块交界处或断裂带"，也就是发现诉讼内在规律，从而找到诉讼"高发地带"，我们可以形象地称之为诉讼"引爆点"。

那么问题来了，诉讼和社会经济生活之间，真的有规律可循吗？如果有，我们应该如何去观察把握呢？在我们天同所专注的商事诉讼领域，我观察到的一些现象或许能说明这个问题。


# 交易预期改变"引爆"诉讼

商事主体之间搭建的交易架构，一定是建立在对未来合理的预期之上的。当经济运行出现巨幅波动时，各方对未来的预期发生改变，主动违约就会增多，从而形成诉讼。

## 1. 行业拐点

最典型的例子是大宗商品交易。在经济走势稳定时期，买卖双方一定是预期未来标的物会稳步升值，一旦经济走势发生巨幅波动，标的物价值急速升值或大幅贬损，原来的预期就会发生大的改变。当预期落空时，理性的经济人往往选择主动违约来多获利益或控制损失。2008年金融危机时的钢材贸易就是这种情况：三个月之内，螺纹钢的价格从每吨6000元，骤降到每吨不足3000元。履行期间跨度在这三个月的买方，为了减少损失，宁可放弃定金、主动违约也不再履约。卖方要求履约，诉至法院，形成诉讼。

价格变化从短期看，会引发买卖合同纠纷；如果是长期的经济颓势，会进一步影响到企业融资，导致企业背后资金链断裂，从而造成银行金融纠纷、民间借贷纠纷的集中爆发。近两年钢材价格"跌跌不休"，于是钢贸类的金融纠纷进入了高发期。在钢贸企业集中的上海，2013 年受理一审涉钢贸金融商事纠纷案件高达 3700 余件，同比增长 5.5 倍之多。

和经济形势结合得越紧密的产业，如石油、煤炭、金属、棕榈油等大宗商品，越容易出现急升急降的经济拐点，把握这些拐点，就能发现诉讼"引爆点"。

### 2. 行业周期

这方面最典型的例子是船舶制造业，其周期性特征非常明显。船舶具有较长的建造周期和使用周期，这使得下游航运业的运力增减无法根据市场需求灵活地做出调节。航运业主要承担大宗商品在全球范围内的流通，而大宗商品的供需状况与宏观经济的走势密切相关。因此，产业链上下游之间的传导机制使得船舶制造业具有明显的周期性特征。随着自身及下游航运业的金融属性加强，造船行业的周期性波动就更为剧烈。从历史上看，船舶制造业的周期性波动与全球经济走势是一致的，全球经济的每一次危机都会引起船舶制造业的波动，宏观经济周期性波动引起新船市场需求的起伏变化。当经济处于低谷时，船舶制造企业的订单就会出现延期交付、降价、撤单的情况，不可避免被拖入到诉讼中。由此可见，把握各行业周期规律，也能发现诉讼"引爆点"。

# 经济政策变化"引爆"诉讼

不只是关注具体的行业，我们也应从宏观上把握国家经济政策的变动。目前，中国经济"新常态"的发展阶段，已经进入到"七上八下"的中速增长，经济增速将在8%以下、7%以上，这是中国经济自身周期所决定的。面对当前经济下滑的压力，管理层绝不会轻易启动以前动辄救市的模式，而会容忍甚至听任经济下行可能引发的一些风险，比如企业债务和房地产泡沫。对于中国经济而言，消化以前刺激政策遗留的产能过剩、债务杠杆以及房地产泡沫的确极为痛苦，这种阵痛就包括了相关领域大量诉讼的发生。从历史上来看，不乏这样的例子。

## 1. 金融体制改革

国有商业银行的股份制改造带来的诉讼集中爆发就是一个典型例子。沿着注资、股份重组、引入战略投资者、公开上市的改革路径，国有商业银行的股份制改造进程意味着银行将不会像过去处理普通到期债务那样，缓慢地定期催收，而是会把债务集中处理，包括一些或有债务都会提前浮现，银行借款担保领域的诉讼案件集中爆发。从我们的统计数据来看，工、农、中、建四大国有商业银行在最高人民法院的二审案件数量，在股份制改造工作开始前的几年，每年每家银行不到十件，而改制工作开始后的2003年、2004年间，每年每家银行激增至四五十件。观察数据还会发现，工行、中行、建行三家银行的诉讼案件高峰期几乎同时出现，农行的峰值则相对滞后，因为农行的改制工作滞后于其他几家。

### 2. 大规模投资救市

2008 年中央政府的四万亿救市投资，加上地方政府配套的十几万亿，给整个中国经济打了一针强心剂，但同时也带来了诸多隐患。在几个月的时间内，大笔的投资、贷款被迅速放出，而且集中在"铁公基"。正所谓"萝卜快了不洗泥"，我们当时就调侃："几年后，诉讼业务有得搞了，而且都是大案，基础建设类工程案件标的没有小的！"

果不其然，一个大型项目从招投标、建设，到履约矛盾出现、协商，到最后无法调和，进入诉讼，可能需要四五年的周期，而我们对近两年最高人民法院和各高级人民法院公布的裁判文书进行了数据统计，总共两万余件抽样案件中，除了传统的买卖合同类纠纷，案由为建设施工合同类的案件数量排在第一，达 1300 余件。这其中，不乏"四万亿"惹的祸。

## 法律法规修改"引爆"诉讼

修法引起法律关系的调整变化，这种变化，或从实体上，或从程序上影响各主体利益关系的改变。

例如，《劳动合同法》实施后，2008 年当年的劳动争议案件较前一年上升 93.93%；之后修正《劳动合同法》，对劳务派遣作出了严格限制，影响到总劳务用工人员中的 13%，在诸多生产线外包大量使用劳务派遣人员的新兴产业中产生了大量的劳务纠纷。这是实体法律关系调整"引爆"的诉讼。

再看一个新增诉讼程序"引爆"诉讼的例子。2008 年《民事诉讼法》修订后，再审审查作为一个独立的程序被确立了，案件的层级链条从一审、二审延展到了再审，这意味着新增大量的再审审查案件。

## 诉讼"引爆点"如何转化为案源？

发现了诉讼"引爆点"，怎样才能转化为律师的生产力呢？这才是我们关心的重点。对此，我们可以分三步走：

### 第一步，关注经济、精准预判。

上文已经和大家分享了发现诉讼"引爆点"的一些思考方法。这需要律师平时多关心经济领域的信息，了解市场发展趋势，紧密关注重点行业信息，在经济形势发生趋势性变动时，要能"春江水暖鸭先知"。另外，要多分析法律法规、司法解释的修改对法律关系调整、诉讼程序的影响。在此基础上，锻炼自己对影响"引爆点"的因素的把握能力和预测能力。

2003 年国有商业银行改制，我们精准地预测了银行和资产管理公司大标的额诉讼"引爆点"；2008 年金融危机，我们预测大宗商品交易纠纷会大量爆发；2008 年《民事诉讼法》修改，我们预测再审审查案件是诉讼律师新增的大蛋糕。这几次成功的预判，都为天同所在相应业务领域开拓占得先机。

或许你觉得这都是"马后炮"了。那么，从现在看未来的一段时间，我国经济领域的诉讼"引爆点"会有哪些呢？对照上述观察"引爆点"的方法，我们可以预测：其一是房地产行业"拐点"将引爆房地产和建设工程领域大量诉讼；其二是钢铁、煤炭等周期性行业产能过剩，"去产能过程"可能形成银行不良贷款，相关企业的互联互保又会引起连锁反应；其三是影子银行中的诉讼风险，如信托业中矿产资源类的信托产品和房地产信托项目，大量存在不能按期兑付的风险，极有可能成为诉讼"引爆点"。

**第二步，构建能力，提前布局。**

在精准预判后，我们就可以把未来诉讼"引爆点"的领域作为自己主攻的细分市场，也就是我以前和大家分享过的"定位"[1]。围绕这一定位，构建专业能力，谁的专业能力更强，谁将在未来市场竞争中脱颖而出。

这方面的专业能力包括两个方面：其一，研究把握行业特点、规律等的能力。我们当初在确定银行业诉讼作为天同的主攻细分市场后，集中全部火力，搜集了公开资料上能够搜罗到的所有涉及四大银行在最高人民法院的诉讼相关材料及裁判文书，对此作了全面的分析研究，形成了若干专题的《银行业诉讼研究报告》，天同的律师也相应地积累了这方面的能力。其二，掌握诉讼技能、分析诉讼规律的能力。《民事诉讼法》修改确立再审审查程序后，我们对再审审查案件的办理方法做了深入研究，进行了广泛的调研，相关的成果还出版成为指导律师办理这类案件的《民商事再审审查案件操作指引》。

---

1 参见"每周蒋讲"专栏文章《律师事务所专业定位三步曲》，发布于2014年5月30日，收录于"每周蒋讲"系列图书《律所的管理》一书。

**第三步，展示专业、市场推广。**

"酒香不怕巷子深"，那首先也得让人知道你的酒香啊！在诉讼"引爆点"的细分市场，律师要找到潜在客户，并将自己的专业能力展示给他，让潜在客户相信，在你擅长的领域，你能为他提供价值。当他遇上诉讼有需要的时候，他就会来找你。

如何做好市场推广？我举一个我们真实的例子。当年我们把系列《银行业诉讼研究报告》做好后，分若干次陆续寄给几大银行的法律部，让法律部人员对天同产生了极大的兴趣。其中一家银行的法律部老总亲自给我们打电话约见，并给了我们一个该银行在最高人民法院正在进行中的案件。我们对这个案件做了认真分析，特意把天同完整的办案流程展示给他，同时告诉他，这个案件不用委托我们该银行也能胜诉，不能体现我们律师的真正价值，婉拒了对这个案件的委托。这让这位老总很惊讶，但却留下了极好的对天同"专业、诚实"的印象。这之后，我们连续获得了多个案件的委托并办理得很漂亮，这家银行也一度成为我们最大的客户。总结这个有点传奇性的故事，我经常开玩笑说，律师做市场推广，就是要"勾引别人来勾引你"。

讲到这儿，可能有人会说，老蒋你这还是没告诉我到底案源在哪儿啊？"授人以鱼不如授人以渔"，预判诉讼"引爆点"并围绕细分市场布局，就是律师案源的秘密。

你若盛开，清风自来。

## 诉讼服务如何定价？ *

原文发布于2014年
11月7日。

如何为自己的服务定价，怎样向客户报价，是民商事诉讼律师的一个难题。

律师们总是清高的，"谈钱，那多俗啊！"不愿意把自己等同于生意人，律师往往都羞于谈价格；但律师就是得靠服务的收费来生存和发展啊，不论你有多羞于启齿，我们总得给自己定个价。于是纠结就来了，律师费报高了，怕客户接受不了，到手的案源丢掉了；报少了吧，又觉得对不住自己的劳动，觉得憋屈。所以律界江湖中流传着一句话："打好十个官司，不如谈好一个案子。"

对于客户而言，也并不是都能理解律师服务的价值。有的客户会当着律师的面说："你不就是给我写了几篇文字、在法庭上动动嘴巴皮子吗，要收这么多钱啊？"即便认可律师价值的客户，也往往会对到底出多少钱合适，觉得难以确定：同样都是律师，收费价格差别咋就那么大呢？

说实在的，律师不是商人。但律师真的是卖艺的，就算是个手工艺人，那也是手工作坊的业主，他也要生存，他也要发展，当然要给自己定个价。

# 什么决定了诉讼律师服务的价格?

有人说律师费都是律师拍脑袋拍出来的，根本就没什么标准和依据。这个说法对，也不对。律师提供的都是无形服务，所谓"智力劳动"，"智力"值多少钱，当然不像流水线上生产出来的产品那样直观具象。但仔细推敲，律师提供的法律服务也有各种因素作为参考，甚至起决定性作用。我们可以来做做"价格解码分析"：

## 1. 客观情况

这是报价的基础，案件类别、审级、标的额、管辖法院等案件因素最大程度影响了律师费价格的高低，很多律所和律师都会制定一个收费办法，规定哪种案件、何种审级、标的额落在不同范围时收费的区间。这个很好理解，一个标的额上亿的合同纠纷，总是比一个标的额十几万的收费要高吧。

## 2. 难度系数

诉讼其实是个零和游戏，有一半赢的概率，也就会有一半输的风险。所以案件难度是决定律师费价格的重要考量因素。比如遇到合同纠纷，当事人告诉律师："当年我俩是铁哥们，很多事情都是我们两个在酒桌上拍板的，哪有什么书面材料？"证据材料大量缺失，如果再加上诉讼期限临近，律师通常要在极短时间内熟悉案件材料，了解数年间的事实细节，据此制定诉讼策略，工作量、工作强度和难度自然会很大。这种案件的报价肯定会高于普通纠纷。如何来判断一个案件的难度呢？我在以前的"每周蒋讲"文章中（《律师如何帮公司法务做诉讼管理》[1]）谈到了"案件难度评估系数"。这个系数，可以帮助我们在某一区间范围内确定具体的收费比例或金额。

### 3. 成本投入

按照最朴素的价格形成机制，价格由耗费的成本及合理的加成构成。律师提供的是无形服务，除了一些硬件设施，并没有太多的物料成本，但要完成一个案件的代理工作，需要律师团队耗费大量的智力、时间。智力、时间以及相应的物料损耗就构成了律师服务的基础成本。前些天微信朋友圈流传着一篇文章——《做一个律师需要付出多少成本》，该文把律师的成本分为时间成本、经济成本、营销成本、身心健康成本、职业风险成本等几个方面，我认为还是有一定道理的。

### 4. 竞争形势

这也就是所谓替代服务的价格及可获得性。自由市场影响价格的重要原因在于充分的竞争，法律服务市场亦不例外。以北京为例，这里集中了全国1/10以上的律师，分布在大约1700家律师事务所。客户在选择律师的过程中，极像在建材市场买瓷砖，一定会货比三家甚至更多。法律服务是一个越来越开放的市场，透明度也正在提升。律师同业间竞争日趋激烈，而专业化程度和差异化分工的水平却还不高，往往价格战就成了最简单粗暴的方式。而我们的法律服务市场成熟度还不高，客户鉴别律师专业水准的能力并不

---

1　发布于2014年8月22日，同样收录于本章。

强，有时大家都被迫拖入价格战的泥潭。最近听到甚至连一些老牌强所也对此叫苦不迭。这种局面，其实损害的是律师行业自身。面对同质化的竞争，打造自身的专业和品牌优势，使自己的服务不可或较难替代，才是获得价格优势的主要手段。

## 5. 客户情况

把客户作为考虑因素，并不是说定价时要分人，我们决不提倡"看人下菜碟"。但是不同的客户心理，律师确实应当要准确把握。比如，国有资产管理公司的资产处置中的有关诉讼，律师服务的费用标准，财政部曾经有过专文规定，那么这类诉讼，律师费的价格就必须落在规定的范围内。尽管有不少律师吐槽，说这个规定太低了，但客户资产管理公司会说，那没办法，我们不能突破。

## 6. 增值服务

客户在不同的律师服务过程中会有不同的体验。为什么有的律师越做越红火，回头客越来越多？有的律师虽然为客户赢了案子，却最终变成了一锤子买卖？同样的案件，专业的诉讼律师除了交给客户胜诉结果之外，还为客户做诉讼策略分析，撰写工作报告，总结代理过程，分析成败得失，并且提示经营风险，避免类似纠纷再发生；将全部案件材料整理、编排，装订成一本精美的卷宗交给客户；在出现普遍或重大行业风险时，及时以专报的形式向客户汇报。诸如此类，在每个细节上思考律师能够为客户更多做些什么，并尽力去做。我想，任何一个客户得到这样的服务体验，都会愿意和你长期合作。专业、用心的增值服务，其实就是在提升诉讼律师服务的价值。

### 7. 其他因素

税费、品牌溢价、人情等因素也影响着律师费的报价。关于律所品牌建设以及品牌溢价方面的经济学原理及相关话题，我想在以后的"每周蒋讲"专栏文章中与各位详细探讨。

## 怎样对诉讼服务报价？

我们依据以上因素，能够为诉讼服务价格划定一个范围，但对客户报价，却仍然要落到一个点上，高一点低一点都在合理范围内，却有可能影响到能否成功签约，更关系到律师与客户双方的"幸福感"。因此，报价其实也是一门艺术。我总结了四点心得，分享给大家：

### 1. 根据个案，定制报价

诉讼律师最大的乐趣在哪里？不在于一个案子收了多高的律师费，而在于你从来不会经手两个完全相同的案件。对诉讼律师来说，每一个案子都是全新的，每个客户的要求都不一样，这自然也就决定了你不能以模板式的委托合同去对待所有案件。这样的"定制报价"，客户才会认为更合理，更切合其实际需求。

为每一个案件独立设计委托方案和报价体系，其实也是律师更好地为自身利益考虑。我们曾代理过一件很复杂的最高人民法院二审案件，我记得仅代理方案就与客户来来回回进行了几十次的邮件沟通，历时近一个月，仅报价方案列表就有足足五页 A4 纸。后来客户选择了我们，案子做得也很顺利，我也与这个客户的董事长成了好朋友。有一次他特意问我："蒋律师，你知道我是什么时候决定委托你们的吗？"我摇头表示不解。他接着说："你们五页纸的那个报价方案交到我手里，具体内容我都没看，心里就已经决定要用你们了。"我更好奇了，连忙追问这是为什么。他说出了一句让我至今深有感触的话："一个律师，要是对自己的利益都不用心维护的话，你能为我的利益卖力吗？"的确，谈方案，就是律师在为自己的利益设计架构，如果连这个都马马虎虎，客户又怎能安心将事关自己身家性命的诉讼这么大的事情托付给你？！这就是商人的思维。

### 2. 客户价值最大化

律师的工作只是价值实现的方式，真正的价值是客户能切身感受到的价值。同样一件产品，有的人觉得贵，有的人觉得物超所值，这并非经济地位不同，而在于这件产品能为购买者带来怎样的价值。当我们的律师花费上千个小时，为一个案件竭尽全力，最后取得满意的结果，还真的出现过多次客户主动追加律师费的情形。我想没有别的原因，就是因为客户觉得他得到的价值超出了他的预期。

### 3. 关注诉讼服务中的最敏感因素

诉讼的最痛点，自然是"赢"，这对当事人来说往往生死攸关。就好比得癌症的病人，最需要的一定是医术高超的医生，这时候价格不再是第一位的考虑。举个例子，"去哪儿"网对机票价格的选择模式，是基于飞机飞行的安全系数是差不多的，所以能够按照价格来排序。但假设飞机有一半的概率会掉下来，你怎么选？这时价格肯定不再是第一位的，甚至完全被排除在考虑范围之外，因为对你来说，安全第一，生命至上。诉讼服务也是一样，当律师在"能不能赢"这个痛点上发挥关键作用时，价格就不敏感了，人们关心的不再是谁价格最低，而是谁让我最安全。

### 4. 站着把钱挣了

这一点，是我多年的内心感触，也是我对整个诉讼服务行业的期待。客户在陷入纠纷时来找律师，是想让律师帮他赢得合法利益或挽回损失。既然是帮，那就得请呀。我们常说"请"律师，怎么在现实中变成了律师对客户点头哈腰、唯唯诺诺，变成了客户的一些不合理要求，例如"请法官出来吃饭""搞定某某法官"等明显不符合律师执业规则的要求，有些律师也会违心地答应下来？面对这样的客户，律师要勇于说"不"！律师对自己的专业自信，有理有节、有诚意、有把握，才能为自己赢得更多的尊重和信任。

律师辛苦的服务，是要收律师费的，但，引用电影《让子弹飞》里的一句话，"我们要站着把钱挣了！"

## 互联网将怎样影响诉讼服务的价格？

互联网的出现，最大的影响在于突破了界限，打破了资源垄断。未来的法律服务市场必将是一个供需透明、价格透明、成果透明的市场。随着互联网思维在法律服务市场的深入传播，现有手工作坊式的传统作业方式将被切分，高度个性化的诉讼服务将会实现标准化、流程化。同时，互联网思维影响下的法律服务市场，将客户体验提高到了前所未有的层面。面对激烈的竞争，律师在提供诉讼服务过程中也要注重不断发掘、解决客户的痛点，并不断提高服务的质量。诉讼服务方式的转变也将导致定价方式受到相应影响。

### 1. 免费服务项目大量涌现，收费阶段后移；增值服务成为利润高地

随着诉讼服务过程被高度切分，形成诸多标准化的作业模块，流程化的诉讼服务将成为必然。为了维系客户，各个律所必然从流程化的服务过程中分解出更多低成本、低工作量的服务环节，向客户免费提供或仅收取成本价，将收费的环节后移。

律师不断优化服务，从增值服务中赚取回报将成为一种思路。举其他行业的例子：小米手机，设计到极致的新款，却往往以贴近成本的价格销售，你会觉得雷军是疯了吗？其实，小米跳出了装备供应市场的拼杀，转而提供众多可以获益的周边产品及增值服务。

### 2. 让客户自己来定价

律师开出的价格，无论多少，客户往往不一定满意；律师如果干脆说我不要钱，免费给你代理，客户也会满腹狐疑。让客户自己来定价，他的心理就大不一样了。每个人心中都有一杆秤，个案虽然会有偏差，但整体却是走向公平的。针对律师服务的开放式客户评价，也很可能成为律师价格的重要影响因素。

### 3. 大数据辅助定价

互联网化的诉讼服务，律师代理过的案件被作为数据挖掘，律

师的每一个行为、律师与客户的每一个互动都自动被解码成数据元素，客户对律师的评价更为畅通透明，每一个律师所提供的个性化服务也就有了更个性、更具体的价格，客户聘请律师，价格将不再用"猜"，而是实实在在地建立在大数据基础上的清晰的价格构成以及更便捷容易的比价系统。

给自己定价，是心理学、谈判学各方面综合性的课题。摆脱低价竞争，破解价格密码，制定合理的定价战略，获取律师辛苦劳动应得的利润。

# 律师如何与人沟通 *

原文发布于 2014 年 8
月 8 日。

　　有些年轻律师有这样的沮丧：执业头几年，根本
没法单独见客户。除了业务能力上的不够，沟通技能
也有必要进一步提升。其实，不光是形形色色的客户，
律师需要打交道的对象非常多：法官、律师同行、法
务、其他领域的专业人士……虽然这些群体与人交往
时的心理特点和行为方式不一，但只要是和"人"的
交流，就有一些原则要始终坚持。在我看来，最重要
的，就是要把对方放在心上，对人真诚。以我自己的
一些切身体会和做法，律师在人际沟通中，以下几个
方面是要注意的：

## 进行充分的准备。

　　其实，在尚未进行正式谈话的时候，沟通就已
经开始了：你的神态、你的着装、你的档案袋是鼓是
瘪……都在告诉对方你自信与否。一个自信的律师，
才能在沟通中赢得对方的尊重。在和客户会谈之前，
天同的律师们至少需要准备这些材料：一是对客户的
背景调查，如经营状况怎样、涉诉情况怎样；二是我
们对做过的同类型案件的数据分析，告诉客户我们

过往在同类型案件中的执业经验；三是对客户案件的专门分析，不是从别的案件分析中"Ctrl+C"过来的，每一个字都是实实在在的"私人订制"。

### 在意对方的每一个信息并把它记下来。

我的交往面很广，每天结识的人都很多，大家交换名片后，我都会给名片拍照，上传到名片管理的 APP 上，让 APP 帮我把照片上的内容 (姓名、单位、职务、地址、电话、邮箱等) 转换为文字。并且，我还会在通讯录上额外记录我和名片主人第一次见面的时间、场合、交流的话题、对方的特点等等。这样，我在下次与人开始交流时，就能很快地回忆起上次见面的情境。

### 关注交谈对方的细微动作。

很多律师特别擅长侃侃而谈，却没有发现对方其实并不感兴趣。我曾经参与过的一次与客户的会谈，我们的律师做了非常详尽的准备，展示了非常丰富的 PPT，内容包括我们代理案件的五个阶段，以及每一个阶段我们的工作如何开展等等。但是，当天同律师充满自信地陈述我们的工作方式时，我注意到了一个细节：客户低头看了一下表。虽然只是一个很细微的动作，却说明客户对这一块内容不感兴趣，已经有点不耐烦了。于是，我提醒我们的律师跳过这部分内容，继续展示客户感兴趣的其他信息。据说，交谈中55% 的信息都是来自肢体语言，律师不是光"靠嘴吃饭"，眼睛也很重要。

**真诚地感谢对方。**

我基本上每个周末都会飞来飞去，在全国各地讲课，也经常会去当地的律师事务所拜访交流，每次都得到了同行们的热情招待，和他们的交流也让我深受启发。而我每次从外地返京，无论到达机场的时间有多晚，打开手机的第一件事就是给招待过我的、和我交流过的朋友们报平安和表达感谢。虽然只是一条微不足道的手机短信或微信信息，却为这次沟通画上了一个圆满的句号。

进入移动互联时代，沟通的广度和深度超乎我们的想象，通过一些移动社交工具，我们的沟通会更有效：

**交往面更宽。**

著名的"六度分割"理论说，地球上任何两个人之间的联系，只需要通过六个人就可以搭建。移动互联时代，这个联系变得更直接了，任何两个人之间的联系都无须依赖其他人。我的微信通讯录里面有几千位好友，而且来自于全国各地，有些朋友们我可能素未谋面，但是通过在微信群里面、在朋友圈的讨论、互动，彼此成了志同道合者。

**沟通更真诚。**

在微博、微信朋友圈等移动社区平台上，人与人之间的交流地位是对等的，彼此的社交联系相对紧密，使用者在这些平台上发布的内容更加真实，更加自我。正因如此，类似于"微信头像透露你的性格"之类的文章才能在朋友圈疯转。

影响力更大。

前几天，天同诉讼圈推送了一组漫画《律师助理的苦逼与快乐生活》，反响非常热烈，短短一天的时间内阅读量就达到了3万多次，漫画的作者，我们的辅庭律师也广受关注。有好多到天同来访的律师同行表示，特别佩服漫画的作者，很想见一见本人，还要求合一张影。社交工具把人与人之间沟通的效果和意义大大提升了。

总之，这是一个每天都在变化的时代，也是一个信息过载的时代，我们律师只有通过与人沟通、与人学习，创造更加融洽的人际氛围，才能更好地提供优质的法律服务。

# 律师如何引导客户预期？ *

原文发布于2014年
10月17日。

你算过吗？全国民商事诉讼律师的平均胜诉率是多少？

我们查查裁判文书网每年有多少个案件；估算一下全中国一共有多少位诉讼律师；再问问身边的律师同行做过的案件，估摸有几成是胜诉的；最后，再取一个无限接近的值……算出来了吗？

呵，和大家开个玩笑啦，这是一个脑筋急转弯的题。其实不用算，当然是50%！因为民商事诉讼案件的两造双方，一方赢，另一方就输。就算是双赢的和解方案，与胜诉率的平均值50%也正好吻合。想一想，其实这个道理很简单：诉讼是个零和游戏，律师就像打擂台的选手，既有可能把对手打趴下，也有可能被对手打趴下。

这样说来，诉讼律师其实是个很"悲催"的职业：案子赢了，欣喜若狂，觉得做律师太有成就感了；输了，万分沮丧，恨不得就此转行，再也不做律师了！这种心情的巨大起起伏伏之间，真的需要诉讼律师有一颗无比强大的心脏！

但，那又能如何呢？输赢是诉讼律师绕不开的宿命。

# 突破诉讼律师的宿命：合理引导客户预期

"三拍律师"，恐怕就是在这个宿命面前倒下来的人。你知道什么是"三拍"律师吗？就是接案时拍胸脯，胡乱承诺；办案时拍脑门，随意决断；裁判后拍屁股，溜之大吉。这个宿命循环的圈，我们能突破吗？诉讼律师的价值究竟体现在哪儿？面对当事人对输赢结果的期待，我们说一句"案子总是有输有赢"就够了吗？

我的回答是，理性客观，合理引导客户预期，努力提高服务水准，才是突破诉讼律师"输赢的宿命"最关键的一环。

那么，什么是"客户预期"呢？

从管理学理论上说，"预期"是客户对服务提供者能够为自己解决问题或提供解决问题的方法及能力的心理需求。但是客户并非法律专业人士，他对在案件中到底想要什么、怎么实现、到底能够实现到什么程度可能并不清楚。当我们问客户他的预期是什么的时候，他的回答可能只有一个字：赢。

但"赢"这个字的内涵很丰富，没有一份判决书会在上面写：某某某，你赢了。法院只会根据双方的诉求和反驳，来对争议做一个衡量和判定。哪方的诉求得到更多支持，我们可以说这一方"赢了"。律师凭借其专业能力和丰富经验，通过对案件进行理性、客观地深入分析，在此基础上帮助当事人理清诉求。因此，诉讼客户预期，实际上是以诉求为核心展开的，客户对整个诉讼服务应该或者可能达到的水平的心理期望。

# 如何合理引导客户预期

那么，律师如何合理地引导客户预期呢？我有以下几点建议：

### 1. 坦诚相告

在激烈的市场竞争压力下，在案件的委托谈判阶段和客户分析案件时，如何拿捏分寸，有些律师常常有疑问：把案件往难的说吧，怕客户被吓跑了，到手的案件又丢了；往简单的说呢，又怕律师的作用被低估了，律师费吃亏。

我的建议是：对客户一定要坚持"坦诚相告"。坦诚相告是律师的天职，律师作为独立的专业群体，承担着"先知之职"：事先中立、客观地告诉客户，其行为可能造成的诉讼结果是什么。也就是说，坦诚地告知客户，哪些期望能够得到满足，哪些期望不能得到满足。我们的做法是在流程管控中单设一个评估阶段，而且这个阶段是免费的。

坦诚相告的第二层含义，是律师要客观介绍自己的专业服务能力。某些律师为了揽案源，有意无意地夸大自己的业绩、人脉等，虚假地拉升了客户的期望值。客户发现无法达成时，往往就会把一切责任都归结到律师本身。

### 2. 及时、有效沟通

在办案过程中，律师与客户的沟通是双向的：一方面，律师要全面了解客户的真实诉求。客户的预期会随着案件的进展而有所改变，是一个动态的过程，所以要及时跟进客户心态的变化。另一方面，律师要让客户明确律师服务的相关职责，包括服务范围、服务内容、服务标准等，律师绝不是包打天下的，并不是客户所有的要求都要律师来满足。这样的有效沟通，既能及时准确地向客户传递律师服务信息，自觉接受客户监督，又能有效地控制客户的期望值。

### 3. 调整不合理预期

客户关系管理学中有一个非常著名的三角公式：客户满意度＝客户体验－客户预期。可见，客户预期的高低与客户满意度的大小是直接相关的。客户不切实际的过高预期，或妄自菲薄的过低预期，都是不妥的。

客户预期过高给律师工作带来的问题显而易见：案件结果与客户预期之间的差距都会转化为客户的不满，只要案件输了，之前律师的全部工作都会被统统抹杀。更严重的是，律师可能会为了迎合客户不切实际的目标，而在制定诉讼策略时忽略案件的风险点，使得本来可以争取到 50% 利益的案件，因为客户坚持 100% 而全盘皆输。

但客户预期也并非越低越好。预期越低，代表客户对律师的信赖程度越低。如果客户都对案件结果不抱有任何希望，那他怎么能够与律师在诉讼战场上并肩作战呢？他怎么有动力竭尽全力协助律师调查取证、还原真相呢？而且，悲观情绪也具有"传染性"，律师很可能会为了契合客户的预期，去制定过分保守的诉讼策略，或建议客户接受条件严苛的调解或和解协议，更甚，因斗志被影响而使得本来可以赢的案件输掉了。这样的结果，是导致客户和律师"双输"，在这样基础上的所谓"满意度"是没有任何意义的。

律师要帮助客户理性客观地判断案件，争取合理合法的利益。在一个客观理性的判断之上形成的预期，会使得客户与律师在往后的合作中更易沟通、更为理解，取得共赢的同时还能建立"革命友谊"。

### 4. 严格执行标准化流程

律师在案件办理过程中要严格遵照已告知客户的服务内容及标准，不能只停留在口头承诺上。在这方面，律师事务所要承担起重要职责：首先，要制定标准化的流程，对律师进行规范的流程操作引导；其次，要加强对律师业务技能的培训并监督落实，强化律师的责任感和服务水准；最后，要跟进了解客户预期的变化，不断创新，对流程进行再造。

### 5. 强调参与感，律师服务透明化

有些律师习惯了自己埋头办案子，不让或者很少让客户参与进来，对客户说："这些你都不用管，你拿结果就行了！"其实这是要不得的。从讨论诉讼方案开始，律师就要尽可能让客户参与进来，与客户一起就事实及法律问题搞清楚。每一次重要的会议或讨论，都要做详细的记录并形成纪要，明确会议要点和下一步工作计划，越具体化、形象化越好。要对模糊或有歧义的地方进行确认，避免给以后留下隐患。为什么律师的服务应该透明化呢？任何人对自己参与过的行为都会有相应的判断，并提前做好承担相应后果的准备，客户在充分参与到律师的服务过程后，往往就能自主作出判断了。

### 6. 要勇于对客户说"不"

客户往往并不能明晰律师服务的范围边界，可能会提出一些额外甚至是过分的要求，比如要求律师约法官出来吃饭等等。面对这种要求，律师要勇于对自己的客户说"不"！要在最开始就告知客户自己能做什么、不能做什么，清楚地向客户表明他的这些要求是额外的，自己只能在合法的及个人能力范围内帮助客户。对于自己无法做到的业务领域，可以推荐资源给客户。对客户的这些额外要求进行汇总，对其中合法合理的部分进行可行性论证，为未来的服务创新提供依据，不断提升服务水准。

## 怎样超出客户预期?

客户预期是一个多层次的概念。客户对诉讼案件的预期不仅包括结果预期，还包括服务预期。我们要做的，是将达到诉讼结果的过程进行分解，将客户紧紧盯在案件结果上的目光，分散到整个服务过程的质量上，如及时的信息反馈、富有成效的调查取证、优秀的法庭表现等等。

换个角度来看，客户预期还可以根据需求层次的不同，分为基本需求预期、期望需求预期和惊喜需求预期。基本需求是最根本、最低层次的需求，如果没到达到，一定是因为律师工作出现了失职或者失误，是绝不能容许的；期望需求是客户本身能够预见到，但实现是有难度、有风险的，这就需要律师经过努力去达成；惊喜需求则完全没有被客户想到，律师在过程中却发现并帮助客户实现了，这就是小米公司的雷军常说的"让客户尖叫"。

律师需要做的是根据不同的需求层次采取不同的策略，将有限的精力放到那些应该被引导的预期上：基本需求不会改变，因此不要试图去引导客户的基本需求预期。而惊喜需求预期是否能达到，客户往往不会太关注，因此在与客户交流过程中，不要轻易对惊喜需求作出承诺，说多了而做不到，得不偿失。期望需求预期才是律师需要去重点引导、关注的，也是最能体现律师价值的。这方面的具体展开，我将在以后的"每周蒋讲"中再与大家分享。

总之，律师无法主宰法庭最终的胜负，但是能够通过合理地引导客户预期，并努力提升服务过程的水准，使客户仅仅是对案件胜负结果的关注，转移到对是否取得预期成果的关注上。这样，诉讼律师就可以摆脱"胜则上天堂、败则下地狱"的磨难，而握紧手中这份"稳稳的幸福"了。正是在这个意义上，我说，合理引导客户预期，是事关每位律师职业幸福感的大事！说实在的，人这一辈子，比一个案件的输赢重要得多得多的事太多太多了。

# 如何打造极致的"用户体验"*

原文发布于 2014 年 9
月 5 日。

　　我几年前曾去过一次北京三里屯的苹果体验店，当时就被震撼到了：真不愧是"体验"店啊！没有"热情"的服务员推销这个推销那个，用户完全自主操作手机和电脑，自己去体验苹果的每一个精巧设计，难怪苹果能有那么多的死忠"果粉"。其实，"用户体验"不仅仅是互联网企业的专属，律师事务所作为传统行业，也需要为用户创造极致体验。

## 用户不是上帝，用户是你的朋友

　　什么是"用户"？我认为律所的用户应该超出传统的"客户"概念：不仅仅是你提供法律服务的客户，还有与你合作办案的律师，和你保持长期交往的各界人士，他们是你需要用极致体验去打动的那个人群，他们认同并信任你，在未来都会为你创造价值。

# 没有看似与"用户体验"无关的环节

什么是"用户体验"呢？用户体验是一种纯主观的感受，是在用户接触法律服务过程中形成的综合体验。传统销售以"卖出产品"为完成目标，而在这个时代，就像360创始人周鸿祎所说："你把东西卖给用户或者送给用户了，你的体验之旅才刚刚开始。"好的用户体验贯穿于法律服务的每一个细节，这种细节每时每刻都能让用户感受到，并且超出用户的预期，给用户带来惊喜。

"体验"二字轻轻一落，看似简单，但我们真要去理解其中的含义，尤其是践行到实际中，却意味无限。例如"卖咖啡"这样"看似简单"的事，从"体验"来讲就可以解构成三个层面：

功能层面：只需要提供一杯咖啡。

服务层面：提供喝咖啡的环境和享受喝咖啡的过程。

平台层面：例如在星巴克，你能得到的不只是咖啡、服务、环境，还能感受星巴克的文化，还能购买到可口的糕点、咖啡豆以及各式各样的咖啡用具。

而从律师法律服务来看，结合天同的实践，一个律所如何去打造极致的用户体验，也是可以从这三个递进的层面——功能、服务和平台——入手的。

## 宁愿损失功能，也不损失体验

在功能层面，其实最首先的仍然是定位和做减法。这一点我在之前的"每周蒋讲"中已经多次谈及,这里不再多说。前一阵在一个知名饭店吃饭时,他们说特地把103道菜缩减到66道,这样才可以把每一道菜都做到极致。那顿饭给我的印象很深。而对于天同来说,十年来也确实只追求一件事:把官司打赢。

把官司打赢,是诉讼法律服务满足在功能层面的用户体验。围绕这个层面,天同用极致的功夫,严格预判,严格把控流程,在文书中雕琢每一个字,在法庭上研究每一个细节,打造案例大数据,建设模拟法庭……全部都是围绕一个字——"赢"。十年来我们赢下了几百个复杂、疑难甚至无比艰难的案件,都是在满足用户的这一基本体验。

但,这样就能带来惊喜了吗?赢得案件是每位诉讼律师职责的应有之意,只能是"达到预期",却还谈不上"超出预期"。而超出的部分,就需要靠"服务"与"平台"了。


## 时时不忘关注小事

就像卓越的运动员一样,打好基础才是成功的关键。

当我们设计那多达33步的标准化业务流程时,我们认为这是赢得案件的基础。但后来我们发现,这不仅是我们案件管理的基础,也是"用户体验"的基础。让用户参与进来,在每一个步骤中都把相应的成果呈现给客户,让客户切实"感受"到律师的用心服务,不仅能使客户与律师之间建立信任,有时甚至还能建立"感情",成为莫逆之交,因为在这个过程中我们能感受到真诚,甚至发现共同的兴趣。当然,除此之外,这一点也能非常好地克服诉讼服务神秘化、暗箱化的弊端。

进入互联网时代，我认为，仅仅给客户看是不够的，还应该让客户参与进来，这才是真正的"用户思维"。因此在我们新设计的案件平台中，客户的参与是我们着重思考的点。天同代理的每一个案件，我们的每一位用户都将获得一个专属账号，能够自行登录系统，自行操作体验。

## 预见用户的需求，创作一个完美用户体验的剧本

超出用户的体验，是因为你甚至能帮他预见到他的需求。当天同的客户得到案件胜诉的消息时，他们心里一定充满了喜悦；而当他还收到了一份装订精致、资料齐整的附带电子版案卷时，他们一定会有一点稍感贴心的惊喜；如果他们后续还能收到我们的各类研究成果、专业动态，也许他们还会被我们的敬业打动。

有时，前置体验，甚至来创作一个完美用户体验的剧本，更能让你的"体验"出彩。天同模拟法庭正像一个"前置的剧本"，客户来到天同，首先通过模拟案件进行预判，"提前参与"，在这个过程中他们得到的体验有可能深深打动他们。而我们正在建设的客户接待场景，就是从第一次客户会谈开始的。我们会首先为客户播放一段视频，让他了解天同；然后，分别介绍我们的出庭律师及其所在团队，客户可以根据自己案件的具体情况，结合我们律师的特点和专长，选择他认为的最合适的律师团队；之后，我们的律师会以最专业的态度与客户就案件进行详谈，而整个会谈都会有业务秘书做

详细的会议记录；在客户离开会议室的一个小时内，整理好的会议记录就会发到客户的邮箱；一天之内，客户就会收到案件分析和代理方案。

## 让用户成为你的"粉丝"，让"粉丝"聚合成"社群"

再到第三个层面，平台，我最想用的一个词是"社群"。

近两年，"粉丝经济""社群经济"被提得很多，很多法律人却觉得这些词还有些遥远。"粉丝"并不是明星才有的专利，每个人都可以有"粉丝"。承蒙法律人的厚爱，天同近年来就已经有了很多"粉丝"，自称为"甜筒"。从某种意义上来说，"天同开放日"也正是"甜筒"聚会的场合。

"粉丝"其实就是一群有共同爱好的人，他们痴迷于某一事物，就像喜欢天同的人，他们其实是痴迷法庭、痴迷诉讼、热爱法律。在移动互联时代，这样一群有共同兴趣爱好的人，有了便利的途径互相连接，聚合力量，于是才有了"粉丝经济"。移动互联进一步去中心化，每个参与的个体都是主体，"粉丝经济"过渡到"社群经济"。社群，是这个时代赋予我们最好的机会。

社群的基础，是参与、互动、诚恳、有爱。这是我们近年打造法律人交流平台的原则和核心。

"天同开放日"是天同律师事务所"用户体验"的一个重要模块，而在"天同开放日"这个产品中，我们也一直在不断改进"用户体验"。比如"甜筒"来了，可以在不同的角落扫描二维码，读到各处

"景点"的介绍；开放日的"创新大赛"环节，因为参与起来有趣，也是大家最喜欢的环节。当然，"甜筒小姐"的笑脸和真诚，才是整个过程中最重要的。我们真诚地欢迎每一位客人，因为他们，我们才有了更多前进的动力。

很多朋友跟我说，微信公众号"天同诉讼圈"近来很火。是啊，我们也感受到了"火"，前天"天同码"的一篇文章一天之内阅读量就超过了 10 万。10 万法律人，想象一下我内心都觉得震撼。而这个平台，短短半年，已经聚合 6 万诉讼的热爱者。我们这样的人集合起来，会是怎样难以想象的力量呢？

在这些能量的基础之上，我们才敢来设想更大的线上线下联动的司法社区，让法律职业共同体更多地联结起来，参与进来。现在，我们正在互联网技术的支持下，通过搭建案件评估模型建设一个辅助诉讼律师办公的开放平台，这个平台在线上将表现为一套完整的诉讼工作流程，用户将获得诉讼可视化、案例大数据和模拟法庭等多方面的支持，包括所有书面材料的模板、天同的知识管理成果等，都将对平台使用者开放，这或将成为大司法社区的雏形。

## 首席体验官

提高法律服务用户体验的道路没有尽头。我还在设想创立一个特殊岗位 CEO——"首席体验官"（Chief Experience Officer），他负责从用户的角度去感知律所的法律服务，时刻注意用户的意见反馈，时刻注意改善服务，在案件代理、合作办案、交流互动的过程中为用户带来感动和惊喜。

我们相信,用户的极致体验"没有最好,只有更好"。只有不断地以开放、分享、合作、创新的态度来迎接时代的进步,不断地通过开放来感知体验、倒逼进步,我们才有可能在提升法律服务的用户体验这条道路上持续攀升。

# 律师如何帮公司法务做诉讼管理 *

原文发布于 2014 年 8
月 22 日。

面对公司诉讼时，法务们要考虑的远远不止赢得案件：如何让公司管理层理解败诉风险，如何在陌生环境中选择律师，如何判断律师的报价是否合理，如何管控案件流程和质量，都是他们工作中的痛点。诉讼律师为公司法务提供诉讼服务，不仅仅是帮助他们代理诉讼，赢得案件；帮助公司法务管理诉讼，解决痛点，是诉讼律师可以开辟的新的服务领域。

## 痛点一：如何管理公司对诉讼结果的预期

专业的法律人都知道，案件越复杂，诉讼的不确定性因素就越多，预判案件结果是一件很困难的事。但对于公司的高层领导而言，法律专业知识的缺乏、对自己团队的信赖，使得他们往往对未知的案件结果过于乐观；同样地，公司的业务部门站在自身的角度，通常难以发现和正视自身工作在法律上的疏漏，并排斥认知诉讼风险，一味将造成纠纷的过错推给交易对手方。因此，法务们作为专业人士，站在相对客观的立场上，如何说服公司领导及业务部门，使他们建立起对诉讼结果的合理预期，如何解释清楚自身角色立场，不被误解为"不作为"，就是一大痛点。都说法务部是公司的"救火队"，搞不好就会引火烧身，将责任引到自己身上，这么看一点不假。

　　天同作为一个独立的专业律师事务所，通过为公司法务提供规范、中立的案件预评估服务，就能较好地帮助法务们化解窘境——而这种预评估服务并不以代理案件为前提。我们在仔细研究案件材料的基础上，可以应公司法务的要求出具一份《早期中立评估报告》。甚至，为了进一步对案件准确预判，我们还有专门的"评估庭"。"评估庭"是天同的一个独特的案件结果预期管理方式，评估法官由我们的资深业务主管或外聘离职退休的法官担任，评估双方由公司法务和天同的律师来模拟，最后由评估法官得出案件评估结论。从以往的统计数据来看，我们的评估庭与案件的最终结果相对照，预估的准确率惊人的高。这充分地说明了评估庭的作用。通过邀请公司法务和公司领导全程参与和观摩案件的评估过程，可以使公司领导更理智地认识己方的诉讼主张，建立对诉讼结果的合理预期，减轻法务们的压力。

## 痛点二：如何在陌生环境选律师

　　一般来讲，公司法务部会根据经常遇到的案件类型，建立一个当地范围内的律师库，哪一家律所、哪一位律师最适合代理公司的哪一类案件，都非常清楚。但当公司遇到一些"预料之外"的案件，或者遇到在外地的案件时，单纯靠熟人找律师的方式不再靠谱，如何在陌生环境中寻求诉讼服务就成了令法务们头疼的问题。

如何帮助法务们解决这个问题？最好的方式是向他们提供最全面的律师信息，满足其"货比三家"的意愿。天同这些年来，通过每月举办开放日活动，通过我和我们律师团队在全国各地的交流，通过运营社会化网络媒体——天同诉讼圈，已经和全国各地的许多优秀的律师同行建立了广泛的联系，形成了一个初具规模的"律师平台"。

然而，总体上来说，这样的方法还是经验性的；在信息化时代，更科学的方法应当是基于网络、基于大数据的。天同正在试图搭建一个律师信息汇集数据平台，在这个平台上，律师们的基本信息、专业领域、执业地区、执业年限、所在律所、代理案件的类别、数量和胜诉率，甚至是过往客户的评价都一目了然，公司法务们能够在最短的时间内，通过搜索数据库发现自己所需要的律师。

更进一步地，我们的数据平台还可以自动为法务们推荐合适的律师，而只需要他们输入案件类型以及诉讼发生的地域。简单的小案子，推送给刚入行的年轻律师，复杂的案件可以推荐给经验老到的律师。在代理工作结束后，作为客户的法务们还能对律师的工作进行评价，进一步丰富这个法律服务的数据系统。要知道，选择最合适而非最优秀、名气最大的律师，是公司法务在做诉讼管理时的重要内容。而目前的诉讼法律服务市场上，律所的合伙人掌握最多最重要的客户资源，客户也往往支付较多的费用来聘请他们代理案件。但大律师们忙于接案，却没时间办案，案件最终还是转到了资历尚浅的年轻律师手中，即"大律师接案，小律师办案"。律师信息数据平台的搭建，能够解决案件资源分配不均的问题，不但能为新生律师创造更多成长机会，更能帮助法务们更快更直接地找到最适合的律所、律师，而不是只看律所或律师个人的名气来盲目选择。这或许就是互联网在资源配置方面发挥的作用在律师服务市场的表现吧。

## 痛点三：如何判断律师报价是否合理

律师代理费的高低并不一定是公司法务最关心的问题，代理费"性价比"的高低是他们认真考虑的重点。然而，由于没有统一的法律服务收费标准，加上案件类型千差万别，诉讼目标各自不同，法务们很难判断律师的报价是否合理。那么，作为律师，我们如何帮助法务判断律师报价是否合理呢？

天同已经或正在从如下两个方面进行努力：首先是将律师代理费与案件难度系数挂钩。案件代理中存在诸多影响案件难度的因素，如案件标的、争议法律关系、案件程序、诉讼请求、诉讼策略等。对上述若干个因素逐项评估，再加权平均计算出案件难度系数，就形成了判断律师费用是否合理的一项基础指标。其次，我们正在试图搭建的律师信息数据平台，会针对案件标的、案件类型和诉讼地域统计律师的收费信息。只要掌握了足够多的信息数据，就能准确地计算同一类型相似标的的案件在某一地区的平均收费标准——这非常类似于 HR 领域的行业薪资参考值，HR 们可以根据行业参考值判断同水平的员工在此行业中的平均薪资。在这之后，我们还会将这些报价信息汇总作为月度报告，每月分发给我们的客户，使法务们及时充分地了解诉讼服务的市场收费标准。

## 痛点四：如何掌握案件进程

在和法务朋友的交流过程中，偶尔会听到他们抱怨：有的律师在签完委托代理协议后便很难联系上，也不主动汇报案件进展情况。之所以出现这种情况，有些是由于律师缺乏责任心；有些则是因为律师并不清楚到底应当如何按流程办案，没有养成主动向公司法务汇报工作的意识和习惯。

那么，律师如何培养起这样的意识和习惯？天同律师的做法是，在代理案件的初始阶段就向公司法务发送一份工作进度表，标明案件代理的每一个阶段和该阶段的工作内容及工作联系的负责人，按时向公司法务发送书面的律师工作报告。有了这样一张进度表及每个关键步骤的律师工作报告，法务们既可以及时了解案件的进展，更可以方便地向公司领导汇报工作。在给领导的汇报文件中，他们甚至可以直接写"关于某某案件的最新进展情况，请查阅附件的《律师工作报告》"，顺理成章而又光明正大地"变懒"。我经常讲，让你的客户"变懒"，是律师工作的重要职责之一。

当然，我们帮助法务掌握案件进程，更有效更方便的措施是借助互联网对案件流程进行信息化管理。我们的案件信息管理系统，既是律师团队的协作平台，也是客户参与进来的协同平台。公司法务在与律所初步接触后的预立案阶段，就会获得一个账号和密码，通过登录这个平台，他们可以很方便地在 PC 端及手机移动端查看律师的工作情况，像查快递一样实时监控案件进度。

## 痛点五：如何避免开庭失误

法庭是律师的主战场，开庭是案件代理质量把控中最重要的一个环节。由于庭审不可逆，法务们希望律师的庭前准备做得滴水不漏。于是，如何对律师的出庭准备工作进行有效检验就成了公司法务的一道难题。

天同如何帮助法务们检验律师的准备工作呢？模拟法庭是最有效的方式，这也是天同的"三大诉讼法宝"之一。在开庭前 7~10 天，举行模拟法庭，对庭前准备及时进行查漏补缺。公司法务们可以参与到模拟法庭的演练中来，模拟对方代理律师的角色，与己方真正委托的律师形成对抗；法务部的领导可以担任法官角色，通过质问代理律师一方，对其进行"压力测试"，检验其庭前准备情况；公司的高层们则可担任模拟陪审员，全程观摩模拟庭审的过程。在模拟庭审结束后，再针对双方的庭审表现进行复盘，使法务们既能清晰地了解代理律师的庭前准备工作，还能提高自身的诉讼技巧。基于模拟法庭的种种好处，公司法务完全可以将它作为代理律师的一项庭前必须完成的工作，落实在委托代理协议中。

我们常说，诉讼律师要为客户创造极致体验，解决他们的痛点，甚至是在他们自己都还没有意识到痛点之前。可见，诉讼律师及律所，为公司法务进行诉讼管理，确实大有可为。

# 律师的业务拓展之道 *

原文发布于 2015 年 5
月 22 日，是蒋勇律
师和三位佛山律师的
谈话。

**青年律师：** 蒋律师，我们目前大致的业务定位是
想在佛山做"新三板"法律服务。因为佛山企业多，
所以在这一块的需求是很大的。但目前市场的蛋糕主
要被北京、广州、深圳的律所分走了，真正做"新三
板"的佛山律师其实特别少。

**蒋勇律师：** 我觉得你们这个方向很对。为什么？
可以简单地从两方面分析：

第一，"新三板"可以说是律师行业的风口所在。
所谓"风口"，就是市场巨大、需求旺盛，有巨大发展
潜力的市场方向。在 2013 年，"新三板"还只有 356
家挂牌企业，全年成交额不过 8 亿元，而现在，2000
余家挂牌企业，一天的成交额就可以轻易超过这个
数字。

急遽上升的数据背后是急速膨胀的法律服务需
求，而在全面建立多层次资本市场这一国家战略的指
引下，资本市场的格局必将在未来三年发生巨大变
化，这对法律服务市场来说更是巨大的机会。

当然，这个风口是全国律师的风口，在佛山，你
们要抓住的还有第二点：本地化。所谓本地化，它意

味着你比北京、上海、广州这些一线城市的大所更贴近客户。你可以天天跟那些民营企业老板待在一起，甚至他们中有人就是你的小学同学、中学同学，这种和客户之间的熟悉度是全国性大所无法比拟的巨大优势。你们完全可以在这一优势的基础上，主动向当地企业家了解他们对法律服务的需求，据此设定自己的业务领域和发展方向。

尤其要注意的是，虽然我们常谈专业化，但此时的专业化，一定不是你一厢情愿地自己给自己设定一个方向，而是要结合客户的需求，提供他们最需要的法律服务，这样当地的企业家才会认准你。

在这个方面其实已经有很多成功的例子。我见过一些律所，在它们成立之初，可能服务的民营企业规模还不大。但十几年一直这么做下来，当地的企业家就非常信任他们，甚至可以说，律所的很多合伙人就是跟当地企业家一起成长起来的，它们的市场根基非常稳固。

**青年律师：** 您指的这个方向很对，只是在律所创立初期，我们如何与当地的企业家更好地建立起联系，又如何才能积累起和企业家们的需求相匹配的能力呢？

**蒋勇律师：** 律所创立初期的业务拓展，专业知识的搜集、整理和分享可能是一个很好的途径。

其实你说新三板的业务难吗？不难。不超过 100 个问题，只要搞明白你就什么都会了。我认识一个律师，他就真的扎扎实实把这 100 个问题研究透了，做成清单式的业务指引，做"新三板"业务时无论遇到什么状况都能很好地处理。

但是，那些老板不可能做这样的深入研究，他们甚至可能不知道"新三板"是什么。你就可以就此准备一次讲座，邀请他们来参加。如果发现有人对这方面有浓厚的兴趣，你就自己或者派人专门和他保持联系，一点一点地向他解释。

并且，在发展初期，你可以设定与自身专业能力和成本相匹配的公允价格，甚至是更有竞争力的价格，以争取更多客户资源。

做了那么几单之后，你就可以慢慢在企业家圈子里形成口碑，可能就会有你服务过的一个老板跟另一个老板说，某某律所的某某律师不错，一直都是他辅导我们上新三板，最后效果也非常不错。或许你的客户就会慢慢多起来。

另一方面，在"新三板"上的业绩甚至可以帮助你拓宽业务面。如果你很好地帮助一个老板实现了"新三板"的上市，他就会信任你。当他遇到一些发展上的困惑，很可能就会向你寻求帮助，你就会因此获得更多业务机会，乃至成为他的常年法律顾问。

当然，要做到这个层次，就必须进一步提升你的业务能力，而不只是局限在"新三板"这一块。那么，如何提升你的业务能力？如何拓展你能提供的法律服务的范围？你有两种办法可以选择。

一种就是像刚才所说的拓展"新三板"业务的方法一样，你去做相关方面的深度研究，出具相应报告给他。

另一种就是借助外部力量，开展跨地域和跨专业的合作。比如说，你可以争取一些业务交流合作的机会，由对方提供技术资源，你提供客户合作机会。而在慢慢学会之后，你或许就可以不借助他的资源而独立运作了。这就是在好的技术资源支持下的快速起步。

**青年律师：**在"新三板"业务这一块，我们还面临着一个问题，就是来自投行或券商的竞争。

**蒋勇律师:** 是的,现在有一部分做证券业务的律所依赖于投行。客户常常根据投行的推荐来找律师,这几乎成了一种行业定律。

对此,我个人一直持不同看法。我觉得,之所以会出现这种现象,是因为一直以来,有些律师做得并不比投行人士更专业。但事实上,投行的业务不外乎就是由法律、会计和一些金融知识构成的。真正优秀的证券律师其实能够吃透投行的业务,并且把整个流程反转:证券律师对法律结构的设计才是首位的。

我曾经读过一本书,叫《律师帝国》,它讲到的美国世达律师事务所其实就是典型的例子。

20世纪70年代,美国公司第四次也是持续最久的一次并购浪潮兴起。在投行尚未做好迎接这一浪潮的准备,而老牌的证券律所无法跳出原有发展格局之时,世达已经漂亮地代理了多起委托投票代理案件,并且在并购领域发展出了独有的优势。

在当时,只要提起并购业务,人们必然会想到世达,连摩根士丹利和拉扎德公司这样并购领域最杰出的投行都会郑重其事地指定世达担任其法律顾问。

到后来,世达甚至开始对公司客户收取预约费。对那些支付了预约费的客户,世达承诺,如果该客户未来有收购项目,将为其提供法律服务,而不会代表其对手一方。预约费将用于冲抵到时的律师费。

但事实上,只有极少量的客户才会让世达提供并购方面的法律服务。对预约费中的大部分而言,世达不需要为此提供任何服务,也就因此获得了超额的利润。

虽然这样的预约费政策饱受争议,但预约世达的客户仍然络绎不绝。它在并购领域的地位可见一斑。

类似的还有当前全球利润率最高的律师事务所 Wachtel。因为发明了毒丸计划，它就在这类业务上拥有了至高的话语权，所有想要做这类业务的投行都得围着它转。

这一切都说明，证券律师可以做的事情太多了。由证券律师帮客户选投行，选会计师事务所，并非没有可能。

事实上，我身边就有一个例子。五年前，我的好友，一个家居企业的董事长想要找律师做 IPO 法律服务，我就把上海的一名律师推荐给了他。后来，我的这个朋友告诉我："你帮我找的这个律师太好了，经验太丰富了，这个项目的投行、会计师事务所，我也都请他帮我指定，特别放心。"

当然，对证券律师而言，要想取得这样的认可，就必须吃透这个行业，对交易结构做出创造性的贡献，而不能仅仅停留在给投行做材料，解决一些共性的法律问题上。

这一点其实跟我们律师的诉讼业务也很相像。在过去，很多人觉得诉讼是没有技术可言的。他会觉得，打官司不就是打关系吗？官司的输赢不就看谁和法官关系好吗？

但其实，我们的实践证明，诉讼是有技术和技巧可言的，诉讼律师完全可以通过对诉讼技术更深入的钻研，在影响法官的裁判观点上发挥更大作用。这是用技术驱动法律，更是用技术体现出了我们律师的真正价值所在。

不过，为什么大家总会觉得在业务上投行比律师更强势呢？可能还有另外一个原因。

投行往往有专门做市场拓展的团队，有拓展市场的途径。市场需求都是他先发现的，自然就会由他帮客户配律师。而律师们呢，往往缺乏这种市场拓展的敏感度，也缺少市场拓展的实践，就只能被动地等待投行分业务给你了。

从这个意义上，你们应该更能看到和当地企业家保持紧密联系的重要性所在。如果你们能真正贴近客户需求，以自身专业能力建立稳固的市场基础，那么，无论在当地的法律服务市场还是在和投行的竞争中，你们都将占据主动，脱颖而出。

# 律师专业化，如何选准市场突破点？ *

原文发布于 2015 年 6 月 5 日，是蒋勇律师和几位青年律师关于律所和律师专业化的谈话。

**青年律师：** 蒋律师您好，我们这次来是想和您聊聊律所的专业化建设。我们律所是以诉讼为主要业务的，今年，我们想在专业化方面有所突破，您有没有一些好的思维方式可供借鉴呢？

**蒋勇律师：** 我结合天同在专业化方面的经验教训谈谈我的看法吧。

律师选择恰当的专业化方向，我觉得最重要的是按法律服务市场的发展规律思考问题。也就是说，要把律师事务所看作一家市场化的机构，思考这家机构在市场中应该有怎样的定位，在竞争中有哪些可以把握的优势。

天同最初定位在高端商事诉讼，其实也可以说是"不得已而为之"。在我们设立的 2002 年底，北京的法律服务市场里已经有五百多家律师事务所了。尤其是，金杜、君合等有影响力的大所已经形成了，并且牢牢占据了非诉讼业务领域的主要市场。

我们清晰地意识到，虽然在北京做非诉讼业务的律所很多，这些业务也很"高大上"，但在当时已有市场格局下，新成立的律所要在这个市场里再分一杯羹并不容易，所以就果断放弃了这个领域。

但在另一方面，我们发现，其实有一些市场是有巨大潜力，但其他人并不看重，市场中也尚未形成巨头的。这也就是经济学上所说的"利基市场"。

所谓"利基"，是英文"Niche"一词的音译，意为"壁龛"，有拾遗补阙或见缝插针的意思。"利基市场"，也就是指那些被市场中有绝对优势的企业忽略的某些细分市场。如果企业选准了利基市场，在一个产品或服务领域上集中力量进入，就更有可能成为领先者，甚至建立壁垒，形成由当地市场扩张到全国乃至全球的持久竞争优势。

对于我们来说，当时的高端商事诉讼领域就是这样的一个利基市场。

**青年律师：**在选定了高端商事诉讼这一"利基市场"之后，天同是如何确定具体业务方向的呢？

**蒋勇律师：**确定具体的业务定位，有赖于我们对整个社会背景和经济大环境的深入分析。

分析诉讼业务市场的难点在于，诉讼是完全偶发的，我们很难事先判断哪些人、哪些机构会"官司缠身"。但是，纠纷的发生也是社会活动的一部分，我们完全可以通过对社会总体环境的把握，判断在什么样的经济时期，哪些领域的诉讼会多发，哪些客户遇到的诉讼会多发。

这和人们对地震的分析是一个道理。全球什么时候会发生地震，哪个地段会发生地震，没有人能事先确切地知道。但是，地震常常在哪些板块的碰撞地带发生，是有规律可循的；全球一年共会发生多少次有感地震，七级以上的有多少次，每年的数据也是差不多的。通过对过往地震的研究，我们就能对地震发生的大致状况做出预估。

在天同刚成立的时候，通过分析整体经济形势，我们发现，当时几大国有商业银行正要上市。这意味着，银行将不会像过去处理普通到期债务那样，缓慢地定期催收，而是会把债务集中处理。一些或有债务会提前浮现，银行借款担保领域的诉讼案件将会集中爆发。同时，四大资产管理公司成立了，接收银行转过来的那些不良资产并进行处置，而诉讼正是处置不良资产的主要方式之一。

因此我们判断，那几年银行和资产管理公司的诉讼一定是高发的，于是就将银行和金融机构的诉讼确定为了我们的主要方向。

这个例子，可以说是经济政策变化引发大规模诉讼的典型。除此之外，经济走势波动带来的交易预期改变和违约、法律法规修改引起的法律关系变化，都可能引发诉讼的大量产生。准确预测这些诉讼"爆点"，提早强化这方面的业务能力，就能在法律服务市场把握机遇，占领先机。

我在之前的"每周蒋讲"里有一篇文章，叫《诉讼案源从哪里来？》[1]，对可能"引爆"商事诉讼的因素做了详细分析，你们要是感兴趣的话可以找来看看，作为参考。

**青年律师：**谢谢您的介绍，但我们还有另外一个困惑，就是在选准方向之后，如何更好地发展自己在这方面的能力？如何具体执行和落实呢？

---

1 发布于 2014 年 10 月 24 日，同样收录于本章。

**蒋勇律师：**如果你把自己的业务精准地定位在了某个细分领域，那就需要花大力气，在这一个细分的方向上多做研究。

我们的做法是，在每年年初对当年经济形势和潜在客户进行分析，确定当年的业务重点后，集中力量做这一方面的专题研究。

我们当初将银行业诉讼确定为主攻细分市场后，就集中全部火力，搜集了公开资料上能够搜罗到的所有涉及四大银行在最高人民法院的诉讼相关材料及裁判文书，对此作了全面的分析研究。从2008年到2012年，我们连续五年向各大银行发布了包含若干个专题的《银行业诉讼研究报告》，为在这一领域的能力积累奠定了良好基础。

我们还会召集这方面的潜在客户一起研讨。这样的合作，既能帮助我们深入了解这个经济领域，同时也是一个向潜在客户展现专业能力的机会。当然，这是建立在前面所说的专业能力积累的基础之上的。

最近，受有关部门委托，我们正在做一个和大型央企融资性贸易纠纷有关的研究项目。之所以得到这个机会，就是因为在2008年金融危机刚一开始，我们就对这类案件做了专门研究。一旦遇到这一方面的法律问题，我们就知道该怎么应对，给出恰当的解决方案。

此外，办案能力的养成、业务流程的设计也十分重要。

就拿我们服务的银行和资产管理公司来说，他们的法务的水平不比咱们律师低，甚至很可能在那里工作的法务，就是律师们的同学、师兄师姐。只有我们把流程规范化，让他确信我们代理的案件都能保证高质量，他才会安心地把案件交给我们。

因此，在天同成立之初，我们就重点抓了业务流程。从基本的信息录入，到利益冲突检索，到预立案、确定承办团队，我们设计了标准化的办案流程，并且明确业务秘书、辅庭律师、出庭律师、业务主管合伙人在每一个步骤中的分工，保证整个团队的高效配合。

在此基础上，我们还抓了几个重要的工作方法，也就是现在大家都已熟知的天同"三大诉讼法宝"：诉讼可视化、案例大数据、模拟法庭。当然，在最开始的时候，我们并没有刻意去总结，只是在2011年前后，我们才在经验总结提炼的基础上，正式提出这"三大诉讼法宝"。近年来，在我们和全国律师同行的共同参与和不断总结、不断强化中，它逐渐成为律师们在工作中的有效方法。

可能对有些律师来说，之所以做诉讼业务，是因为有客户找他做诉讼代理。而我们从成立的第一天起就很明确地知道，我们做诉讼，是因为我们的定位在这里。这其实是很重要的方向感。

无论是单个律师，还是整个律所，都很需要这样的方向感。在这样的方向感的引导下，深入研究这个领域的市场趋势和业务流程上的特征，优化工作方法，我们就能把握住"利基市场"的机遇，取得突破。

Part 4

# 互联网生存指南

# 从"金砖"到"极客" *

原文发布于 2014 年 6
月 6 日。

故事先从天同律师事务所的"金砖"讲起。

当年天同的 10 号院建设施工过程中,从地下挖出了一块很特别的方砖,清洗之后,通体乌黑,光泽鲜亮,金声玉振,堪称艺术佳品。经考证得知:这是几百年前苏州出产的金砖。这种金砖不是黄金做的砖,而是一种制砖工艺,是中国古代建材工艺的最高成就。从明朝永乐皇帝开始,金砖专供皇家紫禁城使用。我充满了好奇,专程赶赴苏州,探访了传承至今的御窑金砖厂,目睹了金砖的制造过程:用苏州陆慕镇的黄泥制坯,七道工序方得其土,六道工序使其成泥;固定形状后需阴干,每日轻轻翻动;八个月后成坯入窑,需用草糠、片柴、颗柴等各烧上一个多月,选用的烧火的木材甚至都要用松香木。一块金砖从采泥到出窑,历时一年多,工序多达二十八道。

我站在刚出窑的金砖前,那种震撼,永生难忘!我们这些做律师的专业人士,干的又何尝不是烧砖窑的手工艺活啊!普普通通的律师业务,经过标准化的流程打磨,最后我们交付给客户的,就应该是一个"精专"(金砖的谐音)的产品,不是吗?

天同 10 号院设计施工过程中，也有让我记忆深刻的故事。我们请的是世界排名居前的建筑设计师，在与这位设计师沟通过程中，一些对话非常具有戏剧性而又震撼人心：

业主："这个细节设计已经很好了，就这样吧。"

设计师："不行，我还有一些想法，我能做得更好。"

业主："可以了，我是业主，你听我的就行了。"

设计师："这是我的作品，你得听我的。"

业主："你这人怎么这么轴呢？设计费我都已经付给你了，又不会找你要回来！就这样吧，可以了。"

设计师："这事和钱没关系，我想把这个作品做得更好。我可以把钱全退给你，但你让我干完！"

你看看，完全是角色颠倒的感觉吧！把建筑设计真的是当作自己传世的作品，这是设计师之所以卓越的原因，他赢得了我们作为业主的尊重甚至是崇敬！

前几天，我们的办公室大厅要添置一块地毯，找到了一个纯手工制作"宫廷地毯"的。这是一个老头，一辈子只做地毯，看起来很不起眼，平时沉默寡言，但一聊到他的地毯，立即两眼放光，滔滔不绝！你看这块地毯，深蓝为底，浅金绣饰，看似质朴无华，其所凝结的心血却是难以想象的：从选毛、清洗、梳弹、纺线、天然植物染色、织作，到最后的打磨，一系列严格的工序全部由制作者纯手工完成。过去的老地毯每平方英尺织 4900 个扣，为了使地毯更精致，他改为 10 000 个扣，这样一来，一条 12 平方米的宫廷地毯光编织就要耗费 200 个工作日。我站在这块地毯前，听着它诞生的故事，你可以清楚地想象我是如何的感叹不已。

这是发生在天同的三个小故事，故事都蕴含了让我们震撼与赞叹的精神：极致。无论是传统的手工艺者，还是现代的设计大师，他们追求的都是至善至美。他们视工作过程为创造，视工作成果为艺术，为了追求完美的境界，他们不计报酬地全身心投入单调而枯燥的工作中去。有人夸赞说这是一种"工匠精神"，而我愿意借用一个时髦的互联网名词，称之为"极客精神"。

极客（Geek）是什么？是一群对互联网有狂热兴趣并投入大量时间钻研的人，一群以创新、技术和时尚为生命意义的人。在我看来，极客有着以下三个特征：坚持不懈，做到了别人不能做到的；严格要求，创造出超越人们期待的作品；制定规则，改变着世界。从追求极致与完美的角度上讲，极客和手工艺者、艺术大师们如出一辙。反过来讲，手工艺者、艺术大师们就是传统行业的极客：苏州金砖万里挑一，小院设计超乎期待，宫廷地毯创新工艺，这与极客特征何其相似啊！

从态度与精神的层面看，传统行业已经有了许多"极客"。而我认为，各行各业还应该在技术方法与思维理念上全面地"极客化"。这是一个互联网思维全面改造传统行业的时代，在互联网、大数据、云计算等科技不断发展的背景下，需要对市场、对用户、对产品、对企业价值链乃至对整个商业生态进行重新审视，通过内容传播、渠道建设、供应链变革、组织重构等阶段进行全面互联网化。

互联网正在深刻地改变着各行各业，这已是一个不争的命题。只是我们所在的法律行业，是传统行业中的专业技术领域，是互联网改变传统行业进入"深水区"之后，要去思考如何改变的一个垂直领域课题。我认为，仅靠互联网本身，可以轻易地颠覆交易类的行业，比如淘宝、京东的成功；但是，它不可能颠覆专业技术垂直行业。这，需要互联网的"极客"与作为"手工业者"的专业领域的"极客"完美结合，才能实现。我们要做"极客"律师，既有一种对法律服务质量不懈追求的精神，不疯魔不成活；又善于利用互联网技术和思维改造与提升自我，非精专死不休。

# 法律服务互联网化
# 与工匠精神是对立的吗？ *

原文发布于 2016 年 7
月 22 日。

　　每当谈到法律服务的互联网化，常常会有这样
一种意见：互联网是浮躁喧嚣的，作为手艺人，律师
应该坚守工匠精神。这种把工匠精神与互联网对立起
来的论调，往往站在一种居高临下的道德高度，在一
些律师会议或论坛上颇受追捧，但却是值得我们深
思的。

　　所谓"工匠精神"，就是对工作执着，对所做的事
情和生产的产品精益求精、精雕细琢的精神。李克强
总理在今年的政府工作报告中就提到了"工匠精神"，
让这个词成了今年的热词。

　　工匠精神的典型代表是瑞士的制表匠和日本的
"寿司之神"。瑞士制表匠对每一个零件、每一道工序、
每一块手表都精心打磨、专心雕琢。一位叫作小野二
郎的寿司大厨，一生都在做寿司，从食材、制作到入
口瞬间，每个步骤都经过缜密计算，永远以最高标准
要求自己。甚至，为了保护创造寿司的双手，他在不
工作时也永远戴着手套，连睡觉也不例外。

　　这样的工匠精神无疑是值得敬佩和学习的。但

是，互联网就必然意味着工匠精神的反面，意味着浮躁吗？如果是，我们又如何解释信息革命带来的科技进步和社会变革，如何解释像谷歌这样的不断探索科技前沿的伟大互联网公司？

不可否认，的确有一些浮躁的创业者，有互联网之名，却没有真正理解互联网，也没有做出真正的互联网产品。但如果我们因此看轻互联网，必然会忽视互联网带来的影响，也就无法正确应对这个时代最大的挑战和机遇。

因此，我们确实有必要抛弃一些"老炮儿"般的情怀论调，深入思考：互联网和工匠精神到底是一种什么关系？

# 一、从产品逻辑看互联网的工匠精神

互联网的本质是连接，这种连接会切实地影响生产者与消费者之间的关系，从而发展出不同于人类以往任何时代的产品逻辑。我们不妨从消费者地位和消费者关系两个层面，理解互联网为传统产品逻辑带来的改变。

## 1. 消费者地位

在过去，由于企业占据了更多资源，它在与消费者的关系中往往处于强势地位。移动互联网时代传播方式的变革让每个人都成了发声者，过去通过媒体单向灌输的传播方式已经不再奏效。要让产品被更多人了解和接受，它必须让购买者发自内心地认可，并且乐于把它推荐给其他人。

因此，在互联网时代，"用户至上"成了产品逻辑的核心所在。产品的设计、生产、渠道等各个流程都需要"以用户为中心"来重构，实现更好的用户体验。

比如说在淘宝卖坚果的"三只松鼠"之所以火起来，不仅因为它把干果店开到了互联网上，更因为它提供了特别好的用户体验。它是第一家不仅卖干果，同时还提供开箱器、坚果包装袋、封口夹、垃圾袋、卡通钥匙链和湿巾的干果店。在许多细节上，三只松鼠超越了客户的预期，从而在上线短短三个月后就成了电商坚果第一品牌。你猜这个干果店 2015 年的营业额是多少？ 25 亿！ 如果不是把产品做到极致并借助互联网的网络效应，我们怎么可能想象一家店能卖出如此多的干果？

### 2. 消费者关系

在传统的产品逻辑中，消费者被视为客户，但在互联网时代，消费者则是用户。

它们的核心区别在于，当一次买卖结束，企业和客户的关系就结束了，即使有售后服务，也只是一种被动的、浅层次的联系。以信息产品为例，当厂商把软件出售给客户后，它和产品之间的联系就终止了，客户需要自己负责产品的运行和维护。如果时隔若干年，软件厂商推出了新版本的产品，客户又需要重新购买。

在互联网时代，企业与用户的关系却不会随着买卖的完成而终结，相反，这是两者关系的真正开始。互联网产品会根据用户的使用情况，以周甚至以天为周期不断迭代，在一路"小步快跑"中趋于完美。在这个过程中，互联网产品与用户的关系也愈加紧密。

从这两个层面来看，精益求精，做出"让用户尖叫"的极致产品是互联网的核心所在。甚至，互联网本身的特性就推动着产品朝这样的方向发展。如果开发者做不出极致的产品，用户会用脚投票。在没有任何行政强制力的互联网世界，一切是好产品说了算。

以我们的"无讼案例"产品为例，我亲自参与了这个产品从立项、研发到上线的全过程。无讼的数据"攻城狮"和"程序猿"们，一年多的时间，夜以继日，才在去年4月底推出第一个版本。上线后至今这一年多时间里，持续保持着一周迭代一个版本、三个月一次大升级的频率。

这样的努力没有白费，"无讼案例"的用户体验大大改善。根据国际权威互联网流量排名网站 Alexa 上的最新排名，"无讼案例"（itslaw.com）已经位居第3035位，大大超出了另一家已经做了20余年的国内老牌中文案例检索网站，成为国内同类型中文案例检索网站的第一。

我经历这个过程，对互联网产品开发中所坚持的"不断迭代""小步快跑"等理念更是有了亲身的体验。

在流传甚广的小米创始人雷军的"七字诀"里，"专注、极致、口碑、快"被认为是互联网领域最重要的方法论。也就是说，要专注于尽可能少的产品，把它们做到别人达不到的高度，超越用户的期望。

这些思维和方法论的内涵与瑞士钟表匠或者日本"寿司之神"的精神理念是何其相似啊！只不过换了一种与当下时代结合更紧密的表达方式，引入了新的用户视角而已。

## 二、法律服务的互联网产品真正体现了工匠精神

　　有人可能会觉得，即使互联网不违背工匠精神，法律服务也无法与互联网相融合。法律服务只能以个性化的方式由律师在线下完成，它的互联网化只会变成律师在互联网上营销甚至炒作，这仍然是十分浮躁的。

　　不可否认，的确有一些律师借互联网炒作，但这样的炒作并不会真正奏效。互联网上的自吹自擂无法转化为潜在客户的信任，而没有信任，法律服务也就无从谈起。

　　要真正在互联网上实现法律服务供需双方的对接，律师能力的客观评价体系是不可或缺的。在过去，对律师能力的评价往往因为主观因素占比颇多而面临争议，但在互联网大数据时代，我们有可能借助客观全面的数据资源，建立更具公信力的评价体系。

　　这样的评价体系一旦形成，对供需双方的精准匹配将成为可能，而这将从以下两方面提升全行业的法律服务水平：一方面，全行业范围内的资源可以得到更高效的重新配置，当事人可以得到最为适合的服务；另一方面，地域和人脉网络对律师专业化水平的限制也将被打破，即使是在极其细分的领域，律师也不用为"吃不饱"而担心。

　　与互联网相结合，律师的工匠精神非但不会被削弱，反而可以更好地实现：律师可以专注在自身的业务领域，而不必为了市场拓展过多分心。同时，互联网也推动着律师提高专业化水平，因为只

有这样，才能积累起在这一领域的数据优势，树立品牌。[1]

此外，律师的工作也并非必须在线下完成。互联网时代的 SaaS 技术可以解决律师在工作中的痛点，提高律师的工作效率。

所谓 SaaS，是 Software as a Service 的简称，它是一种基于互联网的信息化建设。SaaS 不仅可以提供在线储存文档和协作的平台，更可以根据法律领域的具体特点和用户的工作习惯提供工具性质的服务，在一个个工作场景上切实解决律师的痛点。[2]

因此，法律服务的互联网化非但不会带来浮躁，反而会助推律师工匠精神的形成。它让工匠精神不再简单停留在情怀层面甚至异化为口号，而是通过为律师提供更广阔的案源机会，帮助律师提高工作效率，让律师拥有足够的精力和工具去真正践行工匠精神。

## 三、工匠精神呼唤永无止境的技术创新

即使如此，也仍然有人会提出，律师应该坚守手艺人的精神，应该对自己的工作全心投入，做好每一个细节，而不是使用互联网。

但是，这样的观点其实是对工匠精神的误读。当我们说向瑞

---

1　参见"每周蒋讲"专栏文章《给律师代表大会提建议：呼吁国家加大对律师行业基础设施建设的投入》，发布于 2016 年 3 月 31 日，收录于"每周蒋讲"系列图书《法律服务的未来》一书。

2　参见"每周蒋讲"专栏文章《将给律师业务带来"无法计算的价值"的云到底是什么？》，发布于 2016 年 4 月 22 日，收录于"每周蒋讲"系列图书《法律服务的未来》一书。

士制表匠和日本"寿司之神"学习工匠精神，要学习的一定不是在手工作坊里，完全用人力制造产品的方式，而是他们精益求精的精神。

制作钟表和寿司的最佳方式不一定是相同的，它们和提供法律服务的最佳方式更不一定相同。同时，过去提供法律服务的最佳方式，随着科技和社会的进步，或许也会成为守旧落后的代名词。

律师的工匠精神不应该是对其他行业工作方式的照抄照搬，不应该是对已有工作方式的一味坚守，更不应该是"老炮儿"式的冥顽不化。精益求精是工匠精神的核心所在，而越是追求精益求精，就越应该尝试所有可能的方式，提供更加优质的法律服务。

在今天的时代，当互联网为律师提供更加优质的服务创造了条件，甚至激励着律师朝这样的方向不断努力时，我们没有理由拒绝法律服务的互联网化。

事实上，互联网之所以为许多行业带来了摧枯拉朽的影响，正是因为它代表着更先进的生产力。它从来不会把二流的产品变为一流产品，而会助推超一流产品的出现。如果与这样的趋势相悖，任何服务和产品都会被互联网时代迅速淘汰。

所以，我们没有必要哀叹工匠精神在互联网时代的失落。相反地，正是工匠精神推动着人们淘汰低效落后的工具和方法，探索更好的工作方式，提供更加优质的产品和服务。

或许在未来，今天的互联网技术也会被更加高效的技术替代，但我们仍然可以说，工匠精神永存。真正的工匠精神必定是忠于更加完美的产品和服务的，而不是某一种工作方式本身。

　　在两年前的"每周蒋讲"专栏文章《从"金砖"到"极客"》[1]中，我曾经说过："从追求极致与完美的角度上讲，极客和手工艺者、艺术大师们如出一辙。""我们要做'极客'律师，既有一种对法律服务质量不懈追求的精神，不疯魔不成活；又善于利用互联网技术和思维改造与提升自我，非精专死不休。"

　　今天，我对这个观点更加深信不疑：我们没有必要将法律服务的互联网化与工匠精神对立起来，更不要以工匠精神之名顽固守旧，排斥创新。心怀对极致的不懈追求，用最开阔的眼界和心胸迎接每一个时代的变化和挑战，这才是真正的工匠精神。

---

1　发布于 2014 年 6 月 6 日，同样收录于本章。

# 律师如何应对
# 互联网对法律行业的"入侵"？ *

原文发布于 2016 年 1
月 29 日。

**青年律师：**"互联网 + 法律"是一个现在很火的趋势。甚至有人说，互联网可能会颠覆法律行业，这让我和许多律师同行都觉得害怕。不知道您是怎么看待互联网的入侵的？

**蒋勇律师：** 这个问题，我们可以从两个层面来看。

第一个层面，互联网要所谓的"侵入"到某个领域，其实也要依靠这个领域的力量。

比如说滴滴打车，不都是出租车司机开的车吗？又比如说 Uber，不也都是私家车车主自己开的车吗？

互联网的本质是连接，而连接最大的作用其实是让供需双方直接对接了。所有用户的需求都可以被直接采集，从而被用于分析和服务的改造。如果这个行业原本就是非常完美的，那么这样的连接是无法对资源配置发挥作用的。但是如果这个行业还存在着不合理的、资源配置效率低下的地方，这样的连接就可以改善它。

所以，互联网的作用就是去寻找那些传统产业里效率低下、资源配置不够好的地方，用连接来改变它们。对于这种改变，我想每个行业都应该持一种欢迎的态度，因为它会让我们变得越来越好。

第二个层面，对于任何你不喜欢，或者对你有不良影响的互联网产品，办法很简单，就是卸载它，不用它就是了嘛！

这也就意味着，每一家互联网公司，其实都会想尽各种办法讨好你。因为只有把更多人连接在一起，互联网才能产生作用，它的产品才会有价值。可以说，在这个时代，用户就是"大爷"，互联网公司会来求你的，我们根本就不用害怕。

就拿无讼自己的例子来说，我们的摄影师在全国各地跑，为律师拍摄专业的职业照，其实也就是希望帮助律师们完成无讼名片上的资料认证，完善个人形象照，让律师们更好地在互联网上展现我们的形象和专业能力。

如果你不接受，当然可以永远不用。互联网产品能够服务的，也仅是那些愿意使用它的人。只是，这些愿意使用的人或许有机会参与到一次变革当中来，而这些变革未来或许会吸引那些原本不愿意参与的人也逐渐参与进来。

所以，我觉得我们不需要害怕互联网的发展。更何况，咱们这个行业的互联网化还不是所谓的"门外的野蛮人"来搞的，而是我们做律师的人自己在做。

对于行外人来说，他一方面会觉得搞不懂，因为法律这个专业服务领域毕竟和其他领域太不一样了；另一方面，他会觉得这个市场体量太小了，他花那么大动作进来不值得。

而我们自己这帮做律师的人呢，会觉得这个市场小就小吧，反正我这辈子已经和这个职业"绑定"了。所以我说，早期的法律互联网创新一定是这个行业里面有情怀的人来尝试，都是自己人来干的。

**青年律师：** 我想请教您一个关于互联网营销的话题。现在大家都说律师营销有两个阶段，一个是连接，一个是成交。成交阶段当然取决于自己有没有超出客户预期的产品，但连接阶段在互联网时代发生了很大的变化。我想知道，如果我们打磨好了产品，怎样才能通过互联网跟潜在客户产生连接呢？

**蒋勇律师：** 你问到了一个本质问题。一个产品要想推出去，需要两个基本条件：一是产品要好，二是渠道要畅通。那么，在有了极致的产品之后，什么样的渠道才能让更多用户知道你的产品呢？

过去传统的渠道大家都知道，比如说做广告、做培训等等。但是，在互联网时代，你会发现这些渠道其实是不精准或者低效的，更好的方式其实是依靠产品本身的传播力量把它传播出去。

首先可以想到的一个方式，就是借助专业人群的社群力量。

因为在专业领域，最懂你的人永远是你的同行，对吧？你的产品、你的服务能力本身可以在专业社群当中形成口碑，从而树立品牌。

那么，如何向社群以外进行传播呢？这的确是一个难题。

如果不是在法律行业，这个问题其实就是一个很简单的流量问题。通俗地解释"流量"，就是能够通过互联网找到你的用户的数量。在互联网上，因为人们习惯于通过搜索引擎去寻找信息，搜索引擎就成了互联网上最大的流量入口。在国内，这个入口也就是百度。通过向百度付费，竞价排名，你自然就能获得许多流量。（当然，百度的竞价排名模式备受质疑，我也很不赞成。）

但是，法律服务本身是相当低频的，它很难通过这样的方式获得足够多的流量。过去有很多律师朋友都尝试过在一些网站上登载自己的业务领域、照片等信息，一年交上三千五千的年费，但是除了接到一两个咨询电话以外，很难有别的收获。

这其实也是所有法律互联网创业未来面临的最大的难题：不管你做得多热闹，你能让流量跑到你这上面来吗？你最终能给律师带来案源吗？

那些试图通过广告盈利的互联网产品其实并没有解决这个问题，它们仍然停留在互联网 1.0 时代，是注定会被淘汰的。目前的互联网发展其实已经进入更高版本的时代了，它不是靠广告盈利，而是通过为别人提供价值来获得自己的价值。这也是未来无讼的方向。

当然，正如前面所说，任何互联网产品的价值创造都需要建立在许多用户共同使用的基础之上，只有这样，它才能在用户之间建立起连接，并且不断完善自己。

比如说我们的无讼名片，它今天看起来或许还很不好用，功能也还并不完善，但是我相信，就像 2011 年年初的腾讯微信一样，它会不断迭代，不断升级。如果我们一起来贡献，一起来完善它，相信我们就可以得到一个真正对我们这个行业有帮助的东西。

而回到流量问题的解决，我们设想，或许会有这样几条途径：

第一，移动互联网上的社群力量。所有互联网人都说，"社群是未来商业最大的入口。"那么，我们设想，社群或许会改变流量不足的情况。

第二，更多的嵌入到法律服务方方面面的场景或许会成为新的流量入口。

这些新的流量入口能不能够解决问题，还有赖于大家的共同努力。如果能够找到路径，法律互联网就会迎来最重要的模式突破。这也是我年初在"每周蒋讲"专栏文章《2016年法律互联网创新领域三大预测》[1]中的第二个预测："新模式有可能诞生"。

让我们共同期待！

---

1　发布于2016年1月15日，收录于"每周蒋讲"系列图书《法律服务的未来》一书。

# 秀，是青年律师必备的技能 *

原文发布于 2016 年 6
月 3 日，是蒋勇律师
在江苏省青年律师论
坛上的演讲。

大家好！很高兴和参加青年律师论坛的各位同行面对面"蒋讲"。

今天这个单元的话题是"互联网和大数据时代青年律师如何成长"，我想，就从"分享"这个词入手，来谈谈青年律师的成长。

借用马云的一句话，"分享是 21 世纪 DT 时代最重要的技能和品质"。移动互联网时代，由于智能终端的连接，人们可以无时无刻不分享，用一个更通俗的说法，就是秀。

## 一、好的内容会长脚：互联网语境下的"秀"

"秀"，来源于网络词汇，由英文"show"的发音转化而来，原本是"展示、炫耀"的意思，似乎有那么点儿贬义。而在互联网语境下，我更愿意把它当成一个褒义词来用，理解为对自我的展现。

过去，传统媒体牢牢地把控着传播渠道，只有少数人的秀才可以经过媒体的筛选传播开来。对普通人来说，没有了媒体的传播，秀往往就成了"孤芳自赏"，自己也会觉得没劲。

而今天，互联网时代是一个人人都是"产消者"的时代：每个人既是信息的消费者，也是信息的生产者。

比如说，我在微信朋友圈发了一条消息，你觉得挺有意思，就把我的内容转发了出去。你看，你是这个消息的受众，也就是消费者，同时又是这个消息再次传播的生产者。网络连接的作用使得这个网络连接节点中的每个人既是一次传播的终点，又是下一次传播的起点。

这意味着，这个时代的传播渠道不再是由媒体到受众的单向传播，曾经被动的受众可以对信息进行有效反馈，甚至成为主动的传播者，呈现出网状的传播新格局。在这样的格局下，每个人都可以便捷而低成本地秀出自己。

更重要的是，既然每个人都是传播网络中的重要节点，那么内容最终能够到达的范围，就取决于内容本身能否打动一个个实实在在的人，能否让接受信息的人们愿意接力似的进一步传播内容。

有句话说，"好的内容会长脚"。在这个时代，你秀的内容越精彩，它自然就会被传播到越广的范围。传统的媒体的渠道优势不再，内容正成为这个时代重要的渠道。

## 二、移动互联时代"人即是入口"：秀，为你带来流量

在前互联网时期，除了少数通过媒体打出品牌的律师，大多数律师的受关注度都取决于人脉范围的大小。而对青年律师来说，受限于年纪、阅历和经验，人脉自然是需要长期积累的。

在 PC 互联网时代，人们的注意力被搜索引擎、网址导航吸引，它们是人们通往互联网的"入口"。只有通过它们，我们才可以接触到互联网上的大量信息。同样地，要想获得人们的关注，也只有求助于这样的"入口"，向它们购买"流量"，也就是通过付费，让自己的信息出现在这些"入口"上。但这是成本高昂的，同时，对律师来说，这里的流量也不一定能转化为有效的案源。

在移动互联网时代，好的内容能吸引大量的注意力，分享好的内容就可以帮助青年律师打造新的"入口"。内容的好坏不会与资历挂钩，也不需要付出很高的成本，在内容打造上，青年律师拥有不输于资深律师的能力。

这无疑是一次弯道超车的好机会：秀出好的内容，你就有机会把握入口。入口意味着流量，而流量就是案源。

## 三、连接产生数据，数据改变配置：秀，是互联网连接中的重要一环

当然，法律服务的互联网化并不是简单的流量生意，更重要

的是交易双方信任关系的建立。对此，秀仍然可以起到十分重要的作用。

说到底，信任难以建立的原因一是陌生，二是信息的不对称，而秀则可以让别人更好地了解你。

尤其是在大数据时代，你在网上秀的所有内容都可能成为评价你的重要数据。其中的专业见解，则会让人们对你的专业能力有更深的了解。即使由于法律知识的专业性，客户难以客观评价这些内容，也可以通过法律人对你的评价、你与同行的互动和大数据技术对这些内容的深入分析，从侧面了解你的能力。

知乎上有一个法律"大V"，Raymond Wang，他就是很好的例子。他是北京安理律师事务所的合伙人，也是知乎上在法律领域回答问题和互动次数最多的律师。他本来的业务领域是房地产，但是在知乎兴起的时候，他经常在知乎上发表观点，尤其在创业者股权分配、投资条款撰写这类问题上做过大量精彩的毫无保留的分享，他也因此成了知乎上创业者法律咨询方面的达人。据我了解，创业公司寻求法律顾问服务已然成为他这几年业务的主要来源。

所以，多秀自己的专业能力，不仅可以精准地吸引对这一领域感兴趣的潜在客户，这些内容也会成为你的专业能力的有力背书。

我在以前的专栏文章中提出观点：通过连接来产生数据，用数据来改变配置，是实现法律服务互联网化的必由之路。秀，其实就是产生连接，形成数据过程中的重要一环。

## 四、青年律师要敢于秀，善于秀

我总结一个重要的结论：秀，是这个时代青年律师必备的技能。青年律师要敢于秀，更要善于秀。

说到敢于秀，你可能会觉得，青年律师的经验和阅历有限，没什么可秀的。但事实恰恰相反：不是说只有自认足够优秀了才可以秀，而是秀会让青年律师变得更加优秀。

一方面，秀促使你呈现更好的自己。只是给自己看，你可能就会马马虎虎，随意对待，而一旦要秀出来，秀的内容甚至会成为他人评价你的重要数据，无疑会激励你打起十二分精神，"马不扬鞭自奋蹄"。

另一方面，秀会带来交流的机会，这也是一个检验已有认知的过程。正如前面提到的，这个时代的传播已经不是"你说我听"的单向传播，当你把自己秀出去，你就能得到来自受众们的反馈。或好或坏的评价，都会成为你不断反思，优化内容的很好依据。

此外，秀也激励着你坚持下去。这就和跑步一样。在过去，跑步这种枯燥乏味、消耗体力的事情，很少有人能坚持，更难说乐在其中。但当类似微信运动、咕咚、悦跑圈这样的应用出现后，我们可以把跑步的路线秀在朋友圈里，甚至可以结交跑友，互相监督和鼓励。互联网让社交和运动结合了起来，从而让枯燥的跑步也成为一件乐事。而当秀和社交结合起来，当你秀的内容得到了反馈和关注，也一定会激励你把秀进行到底。

而说到善于秀，也的确有一些值得注意的技巧。

首先，要不断提升自己。有东西才能秀出来，就像是我坚持写"每周蒋讲"专栏的过程，其实也是不断学习，不断思考，提升自己的过程。

其次，要找对秀的渠道。虽然说这是内容为王的时代，但选择对的内容呈现平台会达到事半功倍的效果。比如说，在微信时代，微博的影响力已经大不如前；而如今微信也出现了颓势，我因此在此前的一篇文章中号召大家向垂直平台转移[1]。

最后，要有精心的自我设计。移动互联时代的网络传播有它自己的规律，只有那些"有料""有趣"又"有爱"的内容才会得到广泛传播。此外，你的内容要有很好的表现力，无论是文字、视频还是现场的演讲，要能给人留下深刻印象。

## 五、有关秀，给青年律师的三点建议

对于青年律师的成长，我想给出三点建议。没有那么高大上，也没有那么多的鸡汤，这三点建议其实非常简单：

第一，保持好奇。如果当你像蒋律师这样已经白发苍苍了，还对所有的事情充满好奇，你会发现你不老，这是非常好的一点。有人说，其实人的年龄并不取决于生理年龄，而是取决于你的心理年龄。白发苍苍不要紧，但是如果你的心老了，那你就是真的老了。只有你对新生事物保持好奇心，你才会一直保持旺盛的求知欲，对所有的新事物都愿意去尝试，对未来的成长，你也才不会自我设限。

---

1　参见"每周蒋讲"专栏文章《逃离微信公众号，向法律人垂直社交平台转移》，发布于2015年11月13日，收录于"每周蒋讲"系列图书《法律服务的未来》一书。

第二，敢于尝试。你们知道年轻最大的好处是什么吗？可以错了从头再来，反正我们有的是时间。说实在的，我算了一下，我今年45岁了，我要是做错了，还会有五六十年可以从头再来（不要笑，你们不相信我能活过100岁吗？）。更不用说你们这么年轻了。所以对青年律师们来说，最重要的，是不要怕犯错。正是因为你犯错了，成长了，你最后才有机会成功。如果你永远不犯错，那只有一个原因，就是你什么也没做，那你当然永远也成功不了。所以，在你们的年纪，一定要大胆地尝试，错了就从头再来，没有什么大不了的。互联网方法论里有一句重要的话，"小步快跑，不断试错"，说的也就是这个意思。

第三，乐于分享。这是与这个时代的气质最相符的一点。在互联网和大数据时代，乐于分享是我们每个青年律师成长的重要路径。在分享当中，你可以通过给予别人获得快乐，同时也通过跟别人分享促进自己的成长。这一点是我自己以及天同这几年来的成长经历中，非常深刻的体会。

以上就是我今天和大家分享的内容，也是我的一次分享"秀"，希望能对大家有帮助。

Part 5

# 司法改革之我见

# 中国应有怎样的诉讼服务中心 *

原文发布于 2014 年 6
月 13 日。

近年来，不少法院陆续开展诉讼服务中心的建设，最高人民法院也已明确肯定并正在紧锣密鼓大力推进诉讼服务中心的发展。前不久，我曾受全国律协指派，参加最高人民法院召开的法院如何建设诉讼服务中心的座谈会。会上，我以"我想象中的诉讼服务中心是怎样的?"为题，详细谈了我的想法。

在我看来，诉讼服务中心的建设，关键点在于公开司法信息，打破法官、当事人、律师之间的沟通壁垒，促成诉讼参与各方增进理解，共同推动案件公正、高效地得以解决。中心的建成，将极大程度地帮助缓解目前法院"案多人少"的状况，用信息化技术积极迎接"诉讼爆炸"时代对法律行业的挑战。

## "服务"：助力司法信息公开

从字面上看，诉讼服务中心的功能在于为诉讼当事人提供服务和便利，从更深远的意义来说，我认为其最大的价值是助推司法信息公开。而司法信息公开，一方面保障了当事人的诉权、知情权、监督权的顺利行使，另一方面也有利于加强律师与法官的了解互信，加速法律职业共同体的构建。

从立案到审判，当事人迫切希望知道法院如何回应，法院对材料的审查到了哪个程度，诉讼的流程走到了哪一步。审判流程的不透明，导致了当事人和律师不必要的焦虑和进程的拖延。比如，有当事人曾反映过这样的问题：法院一审判决完毕，向二审法院上诉，却不清楚二审法院什么时候收到案卷，诉讼费交得对不对。有时候仅仅因为交诉讼费的问题，足足耽误两个月时间。因此，诉讼服务中心在保证法院案件审理过程（即"点"）公开时，也要保证一审法院与二审法院之间卷宗移交过程（即"线"）的公开。各层级法院的卷宗处理方式不一，要在卷宗移交过程中实现无缝对接，提高效率，诉讼服务中心可在其中起到沟通与协调的作用。

而当事人或律师们通过对法院工作情况和案件流程的掌握，可以更有效地制定己方的诉讼策略，协助法院更好地把握事实的运用规律，从而更好地维护自身合法权益；另一方面，法官也希望及时看到诉讼双方律师提交的文书或证据清单，帮助其把握案件整体情况，准确形成判断意见。但在现今案件流程信息不够公开的情况下，法官与律师之间的沟通不畅，影响了双方工作的展开，以致彼此之间互相猜疑，误解重重，甚至极少数法官、律师利用信息的不对称谋不当之利益。要消除这种状态，唯有通过审判流程的公开与司法信息的交换，实现各方信息的对称和交流的平等；在理想状态下，甚至可以形成法官、律师之间相互激励的良性互动局面。

在审判流程公开、执行信息公开、裁判文书公开这司法"三公开"中，目前做得最好的是裁判文书公开，除对法院审判质量提升起到了督促作用外，对律师业的直接效果是方便了当事人选择律师，促进了律师诉讼业务技能和法律服务质量的提高。我相信在审判流程公开和执行信息公开的进程开始加速后，司法信息公开的正面效应会更显著。

作为一家律师事务所，天同一直致力于诉讼服务质量的提升，而其中一个重要方面就是加强当事人与律师之间的沟通交流。我们使用一套以33个节点的标准化办案流程为基础的辅助诉讼律师的办公系统，案件流程标准化和办案手段标准化相结合，使得案件进度可以实时更新，无论走到哪个节点，当事人都可在第一时间知悉诉讼服务情况。不久的将来，我们手机客户端的诉讼产品也会上线，我们相信，移动互联网时代，当事人应当能够通过移动端口更加便捷地了解诉讼进展。这种服务的透明化，会增进当事人与律师之间的互信，管理当事人对诉讼服务的预期。

## "中心"：搭建一个各方参与的平台

那么，诉讼服务中心应该搭建成一个什么样的平台？美国司法系统的做法很有启发性。

美国许多州都利用互联网技术构建了或正在构建"法院案件管理系统（Court Case Management System）"，这些系统的共同特征是，从"资源整合""信息管理"与"标准化"等三个核心点着手，利用互联网技术把整个州的法院全部连接起来，配合后台完善的项目管理系统、文档管理系统等技术功能，一方面帮助法院系统实现全州诉讼案件的统一管理和高效运作；另一方面帮助诉讼律师，尤其是缺乏足够经验的青年律师，快速掌握案件的流程管理，并利用系统网络上的标准化文书模板和共享的资源保证服务的质量。

这一经验对我国具有非常重要的借鉴意义，甚至，我们可以将这些做法的效用发挥得更充分：首先，我国法律适用的统一性非常大，法律的地域差别比美国小得多；其次，我国律师行业起步较晚，更容易接纳互联网技术等新事物，形成新的、更有效的工作模式。

基于这些思考，我认为理想的诉讼服务中心应当是一个开放的平台，在这个平台上，法官、当事人、律师等各方主体能够积极地参与进来，就诉讼相关信息进行迅速的、无障碍的沟通。为了达到这个目的，诉讼服务中心除进行必要的硬件建设（如办事大厅及电脑、网络设施等）外，需将更多资源与精力放在软件的建设上，利用并开发互联网（包括移动互联网）技术，形成线上线下的联动。线下可以提交材料、组织会面，线上可以查询信息、预约立案、缴纳费用、查阅卷宗等。

## 未来：中国应有怎样的诉讼服务中心

诉讼服务中心寄托了法律人对中国司法改革的愿景，我认为它的建设与完善不仅仅是法院系统的责任，也需要同为法律职业共同体的律师行业的参与。具体而言，我对诉讼服务中心的构想如下：

### 1. 建成一个"司法社区"

把法院、当事人、诉讼律师和相关的政府机构通过诉讼服务中心连接在一起，促进司法各主体的互动。

### 2. 逐步覆盖网络

考虑到目前国内律师行业服务水平参差不齐，而且信息化整体水平仍然较低，全面信息化的诉讼服务中心可先在北、上、广、深等发达城市进行实验，成功后再逐步推广到全国。

### 3. 优化案件管理

诉讼服务中心应有完善的日程管理、文档管理和任务管理系统，可以方便地安排案件的日程。对于特定的案件，可以对其进行任务日程管理和追踪，案件信息（在必要的限度内）即时对外公示，方便法院、当事人和律师等逐步跟进案件；对于全部的案件，又有一个总体的管理系统，有明确的分类体系和便捷的搜索功能，可以对每一个案件进行精确检索。

### 4. 分享专业技能

把文书信息彻底转变成电子文档（不是无法操作的 PDF 文档），进而通过海量的判决书、诉讼文书等重要的文书归类出标准化的文书模板系统，为法官和诉讼律师提供辅助支持，特别是缺乏经验的年轻法官和律师。

### 5. 促成信息交换

参与到服务中心平台中的不同主体可以方便地进行信息交换，

例如诉讼双方的律师交换文书和证据清单，法院与律师之间交换信息等。

### 6. 重大立法变化实时跟踪

及时更新重要的立法或判例，为司法参与者提供参考。

基于对诉讼服务如何提高、如何整合的思考，天同律师事务所作为一块试验田，开始了律所自身在诉讼服务中心建设方面的大胆尝试。我们希望通过搭建案件评估模型建设一个辅助诉讼律师办公的平台，这个平台将是一个开放的平台，它本质上就是一个基于律所支持的诉讼服务中心。天同将紧跟法院诉讼服务中心建设的步伐，不断深化律所在诉讼服务中心建设方面的思考与实践，希望有朝一日，律所的诉讼服务中心能有更多的机会与法院的诉讼服务中心对接。我们坚信，当有更多这样开放、对接的平台，一个逐渐成形的"大司法社区"将指日可待！

这就是我理想中的诉讼服务中心。

# 司法公开的"金钥匙奖"VS"锈锁奖"*

原文发布于2014年
11月14日。

　　昨日，最高人民法院发布公告：中国审判流程信息公开网正式开通。至此，审判流程公开、裁判文书公开、执行信息公开三大平台的建设基本完成。最高人民法院审判管理办公室负责人介绍："中国审判流程信息公开平台虽然起步较晚，但通过学习借鉴其他国家和地区的经验做法，充分利用先进的信息技术和制度优势，在公开的渠道、方式、内容、技术手段等方面，在世界上处于一个比较先进的水平。"

　　从具体举措来看，审判流程公开的力度是值得称道的，如所有信息的公布依靠信息化手段自动实现；当事人可通过网站、电子触摸屏、短信、电话、手机WAP、APP、微信等多载体查询信息；庭审录像和电子卷宗均可查阅；而且还要求公开承办法官和书记员的联系方式。我们的律师在办案中已经能收到法院信息平台自动发布的流程进展提醒，这些点滴的进步都让人欣喜。

　　我们自然能体察到每一个前进的脚步都意味着背后多少艰难的努力。但欣喜的同时，也应思考、自省，不断在问题的发现与解决中努力提升。

以裁判文书公开平台近一年的运行情况来看，尽管进步一直在持续中，但还是存在一些"吐槽"的点：

## 不能搞"选择性公开"

公开不是为了展示法院建设成果，更不是优秀裁判文书展览或者"示范庭审"，所以，裁判文书公开不能是"选择性公开"。有些法院对于司法公开的顾虑，集中在担心公开了会导致公众的不理解，从而降低司法公信力。我说，其实这是两个不自信造成的：第一个不自信，是对公众的理解力不自信。凭什么认为公众会误读裁判文书的真实意思？恰恰相反，公开程度不够，才会引起猜测、怀疑和误解。我们观察到的一些案件之所以受到舆论关注，产生极大社会影响，就是因为案件信息不公开、不透明。第二个不自信，是对法院自身不自信，有的法院在司法公开问题上藏着掖着，怕民众"挑毛病"，怕法官"出洋相"。毋庸讳言，司法公开肯定会带来一个"阵痛期"，但这并不可怕，也不能讳疾忌医，相反，法院可以充分利用好这个难得的历史机遇期，提升法院司法公信力。所以，恰恰是度过了这个"阵痛期"，我们才能迎来光明的未来。现在对于法院来说，在司法公开的问题上，一定要有制度自信，不应再讨论要不要公开的问题了，而是要评测应当公开的是否都公开了，也就是公开率的问题。

# 迟来的正义不是正义

裁判文书公开应当及时。《关于人民法院在互联网公布裁判文书的规定》(以下简称《规定》) 要求，裁判文书生效后七日内应当在中国裁判文书网公布。但我们看到，不少法院公开裁判文书的时间没有规律，不均衡、不及时，甚至是好几个月集中发布一批。"迟来的正义不是正义"，迟来的公开，价值也会大幅贬损。究其原因，固然与案件工作量大、某些法院习惯性拖延等有关，但也与一个技术性难题有关，那就是如何确定裁判文书上网公开的时间节点。按照前述《规定》的要求，裁判文书只有生效后才能公开，但生效时间的确定是个十分复杂的问题，二审案件裁判文书需要对所有当事人送达后生效，一审案件裁判文书要在上诉期届满且无人上诉或者二审裁判文书生效后才能确定生效时间，等等。这些因素导致确定应公开的时间节点较为困难，仅凭裁判文书落款的时间无法评判公开是否及时。据此，我们建议，裁判文书公开增加一个项目，就是生效时间。这样，根据数据统计，就可以测算每一份文书公开的及时性。

# 完整的文书才有价值

就裁判文书的完整性而言，目前也存在一些问题，且不去讨论错别字、文字结构不完整等低级错误问题，仅就我们观察的对当事人信息处理的准确度方面，既存在处理不完整的情况，也存在扩大了应处理的对象范围的情况，将可以不处理的内容也隐去了。前述

《规定》要求，裁判文书上网公开在不涉及商业秘密的前提下，并不必对企业名称等的信息进行隐名，但有些法院不但隐去了当事人的个人信息，也隐去了企业等机构名称的信息，包括代理律师的信息等。这些信息隐去后，影响了裁判文书的完整性，从而降低了裁判文书的使用分析价值。

## 传播是公开应有之义

裁判文书公开就是为了让民众来自由使用的，而这一点，目前中国裁判文书网做得并不好，不仅在技术上限制对裁判文书进行复制，还在每一篇裁判文书最后以公告的形式禁止商业性网站链接到裁判文书库，禁止建立镜像，禁止拷贝、传播。这是与司法公开理念背道而驰的。裁判文书公开的目的，就是为了让更多的人可以看到，为什么要禁止传播呢？对商业性网站的使用加以禁止，也是不利于裁判文书进入到公共领域的。我们看到，在司法公开做得最好的美国，围绕司法公开，有大量的商业机构对公开的信息包括裁判文书进行挖掘利用，成为良性司法生态圈的重要组成部分和助推者。我国的法院也应该有这样的气度，以司法公开为核心点，欢迎商业机构参与到诉讼服务的全过程，建设一个围绕公开信息的良性司法生态圈。（关于这方面的内容，我在以前的"每周蒋讲"专栏文章《中国应有怎样的诉讼服务中心》[1]一文中做过详细阐述。）

---

1　发布于 2014 年 6 月 13 日，同样收录于本章。

## 司法公开也应注重"用户体验"

最高人民法院官方最近频频提及"互联网思维",而"用户体验"是互联网思维的核心,因此,司法公开也应当注重"用户体验"。以我亲身经历而言,目前裁判文书网的使用体验并不好。为了便于查询,我们建议,裁判文书上网发布应制定统一的目录系统,统一文件类型和名称要求,配置专门的检索功能。

目前多平台并存,平台数据未整合、共享,如果想要通过现行裁判文书网络公布平台查询涉及某一主体的裁判文书,需要分别查询裁判文书网、全国专业案件平台以及全国所有省市的地方平台。此外,司法公开三大平台应当互相关联。刚刚开通的中国审判流程信息公开网平台,应当能与裁判文书网和执行信息查询系统进行关联或整合。这样查询者便可更加便捷地了解一个诉讼案件从立案到审判流程、再到判决文书、最后到执行情况的全面信息。

## "金钥匙奖" VS "锈锁奖"

以上这些方面,综合起来便是裁判文书公开的公开率、及时性、完整性、有用性等多个维度。对这些维度的观察、监督,能够更好地推动裁判文书公开乃至整个司法公开制度不断完善。

而对这些维度的测评,最好的办法是由独立第三方来进行。对司法公开的状况,法院最好不是自说自话,而要让别人来说,要让社会力量参与到整个司法体系的良性运转中。我们欣喜地看到,作为独立第三方的中国社会科学院法学研究所和北京大学公众参与研究与支持中心，已在对司法公开进行评估和研究，并发布成果报告。

我们设想，将来应该可以利用大数据手段进行最科学客观的第三方测评。对司法公开的第三方测评，在根据以上四个层面设计合理的指标权重后，应当充分利用大数据手段，建立算法，实现月月评甚至是时时评。

我甚至设想，独立第三方可以和最高人民法院一起编制司法透明度指数排行榜，并对排行榜颁奖，做得最好的法院可以颁发"金钥匙奖"，排名最后的几家法院，可以模仿"酸草莓奖"，颁发"打不开的锈锁奖"。但愿所有的法院都能获得"金钥匙奖"，"锈锁奖"永远空缺。

让我们共同期待，当阳光照进司法，那个春暖花开的季节，我们相遇在更透明、更美好的世界。

# 登记制真的能破解"立案难"吗？ *

＊
原文发布于 2015 年 4
月 17 日。

前几天，最高人民院发布了《关于人民法院推行立案登记制改革的意见》(以下简称《意见》)，决定自 2015 年 5 月 1 日起正式实施立案登记制，这个决定引起了律师群体的极大关注。我想，其原因就在于每个诉讼律师都曾或多或少地有过被法院的立案审查"折磨"的切肤之痛，而这个《意见》给了大家告别"立案难"的一个美好的期盼。

以前我曾撰文说案源是律师的痛点，其实有了案源之后，能不能立案也是律师的痛点。相信很多律师同行都有过这样的感受：明明应该立的案子，有些法院就是不给立，或者明明材料齐备的案件不及时立，立案审查在这些法院"走偏"了。

其实分析一下，法院在这方面也有自己的苦衷，不外乎这样三种情况：

第一，不敢立。法院受到案外因素，尤其是地方党委、政府的干预，甚至地方政府指令法院某些特定类型的案件不能受理。众所周知，法院在人财物方面全面受制于政府，自然对这一类案件不敢立。

第二，不愿立。法院的考核体系尤其是以前对结案率的考核，导致法院对特别棘手的案件不愿受理，因为这类案件一旦受理，短时间内不能审结，会严重影响法院考核成绩；或者有可能引发信访甚至是群体性事件，出于对维护社会稳定的片面理解，法院对这类案件不愿受理。

第三，不及时立。诉讼律师都知道，法院"年底不立案"基本已经成为人所周知的"潜规则"，归根结底，还是考核指标不合理所致。每到法院考核的关键时期，法院立案窗口就会临时性关闭，只收材料不立案，甚至材料都不收，等考核期过去，才恢复收案。

这样三种情形下，法院把立案审查当成了控制收案数量，选择性受理案件的闸门，于是就出现了"不收材料、不予答复、不出具法律文书"这种无视当事人最基本的诉讼权利的情形。

知道了"立案难"的病因在哪儿，我们来看看最高人民法院这次开出的药方"立案登记制"是不是对症下药。

在我看来，这个《意见》至少包括这么几味药：第一，法院必须接收材料；第二，符合条件的当场立案；第三，一次性告知和补正；第四，不予立案的出具书面文件；第五，加强内部追责。

应当说，要是真的做到了上面的几点，"立案难"的问题将极大地得到解决。

但是换个角度看，制度推出后能不能执行得不走样，还有赖于两方面的因素：

第一，法院需要练内功，"打铁还得自身硬"。立案登记制的实施意味着大量棘手案件将涌入法院，其中包含着很多以前法院不愿碰、不敢碰的"硬骨头"。敢立还得敢审，敢判还得敢执行。如果不赋予法院更高的司法权威，不能让法院底气十足，恐怕还会出现不能执行就不敢判，不敢判就不敢立的情况，"立案难"可能又会改头换面继续存在。

第二，党委需要帮助法院破除阻力。地方政府的强力干预如果没有制约，法院依然会受制于人，只有严格限制行政权力，让法院从人财物上脱离对地方政府的依赖，才有可能让法院抵消地方政府的影响。

脱离了这两方面，法院不愿立案的内因无法消除，不敢立案的外因继续存在，"立案登记制"的推行恐怕也不容乐观。

值得注意的一点是，这个《意见》不是简单地以最高人民法院的名义发布，而是由中央深改组审议通过，这一点很不寻常。

通常理解，立案登记制是法院一项内部流程的改革，这个法院内部的事情，被上升到如此高度，至少说明了以下三点：

第一，立案登记制改革对于司法改革尤为重要，且影响极大，必须给予足够重视。

第二，中央也怕改革的经被念歪了，或者存在执行不到位，阳奉阴违的情况。按照中国的惯例，谁权力大、级别高，谁说话就更有分量，法院的改革让深改组来审议，凸显其重要性，也让各级法院和政府都要掂量其中的分量。

第三，中央也意识到了法院工作的难题绝不仅仅源自法院本身，甚至可以说大部分不是来源于法院本身，单纯靠法院系统内部发文恐怕不足以推动这项改革的进行，由深改组审议并通过，法院系统外的各级政府都要对自己的行为有所约束，至少不太敢掣肘改革的推进。以后，面对地方政府对法院立案的干预，法院可以硬着腰板理直气壮地搬出中央文件来"对抗"了。呵呵。

由此，我认为，"立案登记制"的安排显示的不仅仅是司法改革的智慧，而是从全局把控改革进程，展示的是一种治国的政治智慧。

立案登记制的实施有可能会改善目前"立案难"的状况，但如果没有后续配套措施跟进，这样的改革仍然有可能被"走偏"。

当立案时的压力在诉讼阶段依然摆在法院面前时，有些法院有可能将原来在立案审查中所使用的种种理由，作为诉讼阶段的武器，换种方式将矛盾推至门外。如此，立案登记制有可能异化为一种表面文章，显然这不是我们希望看到的。

客观地讲，法院似乎的确还没来得及做好准备。在法院人财物的省级统管尚未完成、行政机关执行生效裁判的制度也未完善、法官职业保障机制尚未构建、多元化纠纷解决机制缺失的情况下，法院面对立案登记制实施可能带来的案件激增，以及法官"员额制"改革带来的法官人数减少的双重困难，将导致"案多人少"的境况进一步加剧。如果法官待遇不能相应地提升，当前愈演愈烈的法官"离职潮"可能会更加汹涌。

以上种种，我相信最高决策层肯定已经有了准确的预估。但最高人民法院依然敢于在此形势下首先推行立案登记制，至少展示了"先面对问题，再解决问题"的勇气和决心，这一点要真心为最高人民法院点赞。而作为律师，作为这项改革制度的受益者，我们真心希望类似设立巡回法庭、立案登记制这样的一系列司法改革举措能够一步一步实施好，法治国家的"中国梦"得以实现！

# 有一种自信叫"晒出裁判文书"*

*
原文发布于 2015 年 8
月 14 日。

最近几天，浙江法院可以说是"摊上大事儿"了！

先是武汉大学教授孟勤国在《法学评论》杂志上发表论文，通过分析最高人民法院（2013）民申字第820 号案件，批评绍兴市中级人民法院、浙江省高级人民法院、最高人民法院在裁判中存在严重缺陷，任性司法；而后又是宋城集团以舞台剧的形式，实名举报浙江高院院长。

在第一起事件中，法院还相对比较轻松。

各方的争论主要围绕着孟勤国教授和学术期刊展开：教授批评法官的尺度为何，作为案件代理人的孟勤国教授发表这样的激烈言辞是否出于自身利益的驱使，法学核心期刊是否应该刊发此类文章，学术期刊刊发本校教授文章的标准是否有问题……

虽然舆论并没有把批评的矛头指向法院，但是，"法院的判决有问题"几乎被当成了一个默认的前提。甚至还有人质疑：法官和检察官们之所以在此次事件中如此激烈地抨击教授，是不是为了护短？

无讼阅读的编辑及时在无讼案例上检索到这两份

裁判文书，通过多个渠道分享出去，得到了广泛传播，人们对这一事件的关注终于落到了裁判文书本身。何家弘、易延友两位教授分别发文，从证据法的角度，对孟教授提出的"证据是案件事实的要素""证据相关性规则"等论点进行了深入讨论。这样的讨论更为理性，也更加接近此次争议的实质。

第二起事件中，法院无疑面临着更大的压力。

"舞台剧事件"一经媒体报道，社交媒体上就有大量言论习惯性地将矛头指向法院，而这些猜测和质疑大多并非基于对案件事实的判断。

但是，随着前日相关裁判文书和判后释明的公布，舆论和风向已经悄悄发生变化：不少人从"实名举报必然带来反腐风暴"的惯性思维中抽离开来，开始仔细研读判决；人们的关注点逐渐转到这一争议事件的来龙去脉如何、法院采纳了哪些证据以及法院判决是否合理上。

相较此前类似的争议事件，本次事件的后程，舆论显得更为冷静。

对于法院是否应该晒文书，法院内部其实一直存在争议。

一些人认为，裁判文书全面公开后，一些文书中难免的错别字、格式错误、原被告错误等很容易被揪出，一些有争议的裁判观点更容易遭到恶意炒作。经过网络无序的"发酵"，这些裁判文书中的争议和错误将严重损害法院及法官的形象，甚至导致对司法公信的质疑。

但最近发生的这两件事都证明了，事实并非如此。晒出裁判文书不会为法院制造麻烦，它其实是法院应对舆情的最好方式。

**首先，晒出裁判文书有助于平息无谓的猜测。**

很多猜测，都是建立在公众对法院的预设形象之上的。而在大众舆论的放大之下，法院的不回应常常被解读为"心里有鬼，不敢回应"。主动晒裁判文书则提供了另一条路径，既展现了法院主动回应的姿态，也能打消案外的无谓猜疑，促进对争议事件更为理性的有效讨论。

**其次，晒出裁判文书可以让专业人士参与到讨论里来。**

如果没有裁判文书的支撑，对法院判决的争议往往会沦为对法官个人品质的评价。这个时候，往往难以在群情激奋中形成有效对话。而一旦裁判文书被公布，专业的法律人就有了发声的机会。法院的判决是否合理，法律人心中自有一杆秤，即使不能在行业内形成共识，起码可能形成更为理性、有效的讨论。

**再次，晒出裁判文书可以倒逼法官在裁判文书中注重说理。**

"判决之外，法官无语"。对法官来说，裁判文书是他唯一可以充分说理的地方。当法官意识到，每一份裁判文书都会向全社会公开，甚至可能引发众多法律职业人的讨论，那么在做出判决时，他们就会更留心可能的反对意见，尽可能提升说理的水平。即使争议仍然无法避免，它也为法官撰写之后的判决提供了更多说理经验。在这样的制度性反复锤炼中，裁判文书的说理性将有可能得到质的提升。

**最后，晒出裁判文书可以成为增强法院公信力的重要方式。**

如果法院公布的裁判文书是正确的，它自然可以成为"看得见的正义";即使法院公布的裁判文书存在瑕疵,引来了批评,其实也恰恰是法院进步的动力。如果法院系统能借此及时发现和查明目前工作中存在的问题,尽快做出调整,同样可以获得尊敬,维护司法权威。

我们坚信,司法要取得公信,前提是要自信。法院只有用自信的姿态公开裁判文书,用自信的姿态面对晒裁判文书可能带来的争议,才有可能不断自我完善,成为真正具有公信力的司法。

回到这两次争议事件,可以发现,浙江法院晒出的裁判文书还有一些不完美之处。尤其是在孟勤国教授事件中,浙江法院在公布涉争裁判文书前,对其中的当事人信息和代理人信息做了技术处理。

这样的处理方式并不能真正把裁判文书"藏起来",反而让法院显得不够坦荡。甚至,这样的技术处理也是与整个案例大数据的发展趋势不符的。在之后的"每周蒋讲"栏目中,我将撰文更详细地谈谈"从案例大数据来看裁判文书公开"。

但是,晒文书本身已经体现出了法院应对争议事件的不同于以往的思路。在法院晒文书的引导下,法律人也越来越愿意分享和评论,基于事实和法律理性发声,形成有益的知识积累。无讼案例已经上线的分享功能和即将推出的评论功能,恰好能够对此起到推动作用。

以法院"晒出裁判文书"为基础,或许真的可以实现"围观改变中国","围观促进法治"。所以我说,不论这两个事件如何发展,我们都应该为法院的这份自信来点赞!

## 未来谁有资格在最高法院出庭？ *

原文发布于 2015 年 8
月 28 日。

作为诉讼律师，法庭就是他的主战场。如果能到最高法院出庭，就好像参加过一次著名的战役，很多律师会引以为终身荣耀。

但是，有可能，将来不是每一位律师都有资格到最高法院出庭。什么样的律师可以到哪一级法院代理 (辩护) 哪一类型的案件，可能将由分级出庭制度来决定。

在前不久召开的全国律师工作会议上，中央政法委书记孟建柱提出，对新执业的律师担任刑事案件辩护人的，可以研究探索分级出庭制度。

"分级"，对于律师行业来说算不上是新鲜事物。早在 1987 年，司法部制定发布的《律师职务试行条例》就对律师进行了分级。但是，这样的分级只是对律师能力的评价和认定。而"分级出庭"，则是将律师的评级与出庭"绑定"，将对律师的能力评价与律师的执业范围"绑定"。

这样的"绑定"，可以说是在律师分级基础上，进一步规范法律服务市场的探索和尝试。为什么这么说呢？

首先，法律服务市场存在着严重的"信息不对称"。

在普通的商品市场上，由于消费者不了解商品生产的过程，和生产者的"信息不对称"天然存在。而在法律服务市场上，出售的商品是专业的法律服务，因为不具备和律师同等的法律专业知识，当事人更难判断律师提供的法律服务的品质。

由于企业客户有专门的法务部门，这样的"信息不对称"还不算严重。但对自然人客户来说，他们没有法律知识，也很难得知律师行业内部的评级情况。在这样巨大的信息鸿沟下，自然人几乎没有能力判断谁是适合他的律师。

在这样的市场里，消费者的选择带有很大的盲目性。市场本身的调节作用难以发挥，无法实现资源的有效配置，"市场失灵"的现象不同程度地存在着。

其次，法律服务的需求相对低频，很难对律师提供优质服务形成反馈和激励。

这一缺陷在自然人客户上体现得特别显著。企业客户在商业活动中，往往会反复需要法律服务，但是对自然人客户而言，可能一辈子都不会有找律师的需求，这样的客户也很难成为"回头客"。而且，即使自然人对律师的服务不满，他能影响的该律师的潜在客户也十分有限。"留住客户的需求"缺失，律师也就少了提供优质服务的动力。

而在刑事诉讼领域，这两重因素表现得尤为突出，造成的影响也尤为重大。

一方面，刑事诉讼中的被告人更多情形下是缺乏法律专业素养的自然人，"信息不对称"严重；另一方面，刑事诉讼事关被告人的人身自由、财产乃至生命等重大利益，如果律师不能尽职地为其辩护，将不利于对被告人合法权益的保护。

在这样的法律服务市场里，市场无法很好地发挥资源调节的作用：当事人难以找到优质的律师，同时，专业水平不过关的律师恰恰可以在这样的失灵市场里"蒙混过关"。

这不利于当事人权利的保障，制约了律师行业的整体执业水平，甚至阻碍了整个法律服务市场的健康发展。许多潜在的法律服务需求也因为对律师的不信任而被"压制"了。

所以，市场之外的第三方力量的介入就十分必要了。而分级出庭制度，正是在市场之外引入第三方调节机制的一种尝试。

如果设计得当，这样的制度将有力地帮助当事人尤其是刑事诉讼被告人避免盲目选择律师的局限，保障法律服务的质量。但是，如果设计中存在不妥，它又有可能涉嫌不当限制律师出庭的范围，不当限制当事人自由选择律师的权利而束缚市场活力。

**因此，在设计律师分级出庭制度时，需要尤为谨慎，解决在以下方面可能出现的问题：**

### 首先，如何对律师级别进行科学评定？

虽然多年前就已经有了律师评级的规定，但是，随着法律服务市场的发展，它越来越不被客户和律师重视。这在一定程度上也和它的评级依据不够合理有关。

在 1987 年《律师职务试行条例》所设定的律师评级制度下，律师等级主要和学历、执业时长、是否熟练掌握外语直接挂钩，并不能客观完整地体现律师执业水平。除此之外，还有一些诸如"具有高深的法学理论水平""能够处理重大疑难问题"这样的难以界定的模糊性规定，留给评级者的裁量空间太大，无法真正保证评级的客观可靠。

因此，在重新制定律师评级规则时，一定要研究出一套真正能体现律师执业能力的、能客观应用的方案。对这个问题越深入思考，越会发现它不简单。如何对律师的专业能力做出客观评价，本来就一直是制约法律服务市场健康发展的关键问题。如何破局，也是我们现在的互联网法律平台"无讼"关注的核心焦点。希望在不久的将来，我们利用互联网和大数据技术所采用的一些"核心算法"，能在这方面取得一些突破。在以后的"每周蒋讲"栏目里，我也将对律师专业能力评价的问题做更多研究和探讨。

### 其次，由谁来主导评级？

对律师的评级，是由司法行政机构还是律师协会做出？或者成立一个专门的第三方机构？一旦确定了评级机构，具体做评级的评级人又将如何产生呢？

这其中的关键之处在于，评级者的公信力是整个评级的公信力的"源泉"。当评级者试图为律师评级，并且以自己的身份为这样的评级结果"背书"时，一定面临着这样的问题：评级者自身的公信力从何而来？谁来为评级者的公信力"背书"？

就此，我曾经在"每周蒋讲"栏目中写过一篇文章（《谁有资格为律师评级？》[1]），专门谈到了这个问题。

---

1  发布于2015年4月10日，收录于"每周蒋讲"系列图书《法律服务的未来》一书。

### 再次，评级与出庭如何挂钩？

一旦将评级与出庭挂钩，就必然涉及对案件等级的界定，以及确定什么样的律师可以在什么案件中、在哪个层级的法院出庭，不能在什么案件中、不能在哪个层级的法院出庭。如果案件类型和律师等级不能恰当对应，要么会不必要地压缩年轻律师的执业空间，要么难以保障律师能力足以与案件重要性和难度相匹配。

### 最后，如何解决分级出庭与目前法律的冲突？

对律师出庭进行分级，其实是除了资质考试之外对律师执业的又一重资质设定，而这与目前我国的律师法规定并不一致。此外，我国《立法法》第八条第十款规定，和诉讼制度有关的事项只能通过制定法律来规定。如果要对律师出庭进行资质设定，或许必须通过立法程序，才能使这样的设定具有程序上的正当性。

这些问题都意味着，律师分级出庭制度的制定、实施和谋求实效，都不会是容易的事情。

但这并不意味着我们应该停止研究探索。律师评价难题一直是制约律师行业发展的一大痛点。一旦这个痛点被解决，不仅将提升律师服务品质，促进行业品牌建设，还将带来整个法律服务市场的规范度、活跃度的有效提升。

在"保障律师执业权利，规范律师执业行为"的路上，任何制度上的创新都值得期待。毕竟，中国律师行业的创新不是太多，而是太少了。

# 对裁判文书公开
# 司法解释修订的几点思考 *

原文发布于2015年
10月16日，是蒋勇
律师受邀参加在最高
人民法院举办的"裁
判文书公开司法解释
修订专家论证会"时
的分享。

非常荣幸前来参加最高人民法院裁判文书公开司
法解释修订专家论证会。我说不上是"专家"，只是想
站在法院之外的角度，向各位专家汇报一下我们是如
何看待和运用裁判文书公开的。

首先，毫无疑问，裁判文书公开已经取得了了不
起的成果。在不到两年的时间里，全国法院已经在裁
判文书网上发布了超过 1000 万篇生效裁判文书，创
造了全世界最大的裁判文书网。如果把法院的司法公
开也当作政府信息公开的一部分来看待的话，法院无
疑是做得最好的。

但是，应该如何认识这种成果的价值？如何在已
有成果的基础上进一步完善裁判文书公开？我想，我
们或许可以把思维打得更开一些。

一直以来，当我们谈论裁判文书公开时，主要还
是停留在司法公开的层面，强调阳光司法。但是我觉
得，在当今这个移动互联网普及，法院已经全面信息
化的时代，法官裁判的全过程都是可以被记录、被采
集、被分析的。将这些在裁判过程中产生的数据资源

汇集起来，形成的是属于全社会的司法大数据资源。

因此，在讨论裁判文书公开司法解释具体条文的修订之前，我想着重谈谈在"司法大数据"的思路下，思考裁判文书公开问题时应该贯彻的三个原则。

### 1. 充分利用原则

近期，国务院发布了《促进大数据发展行动纲要》，明确要求各级政府致力于政府的信息公开，让这些来自社会的大数据为全社会所用。周强院长也曾经多次在有关司法公开和裁判文书公开的会议上强调，公开的目的是为了让大家来用。可见，鼓励全社会充分利用裁判文书，让裁判文书资源充分发挥作用才是裁判文书公开的最终落脚点。

说到充分利用，在这里我想用几句话简要地概括一下裁判文书到底有什么用。

第一，最容易想到的，就是对案例进行更全面的实证研究。今天在座的有很多学者，公开的裁判文书已然成为学者们重要的研究样本来源。

第二，产生真正具有典型意义的案例。当裁判文书在网上公开，学者、律师和法官都可以在互联网上对案件进行评论和点赞。当大家都认为这个案子很典型，解决了过去没有解决的问题，这个案件就可能上升为经典案例，然后由最高人民法院或者各地法院设立一个评选机构对此进行把关。这样，指导型案例和典型案例将不再简单地由某些机构或领导根据感觉选出，而将发生互联网时代的改变。

第三，实现智能化的案例推送。只要全国各级法院能够在各类案件上实现信息共享，就能通过信息化手段智能地向法官推送不同地域、不同审级的类似案例。

第四，实现大数据环境下的法院动态管理。传统模式下，法院的管理很多都是拍脑袋的事情，但借由大数据，我们可以动态地、非常精准地知晓各地法院受理案件的情形，从而分析如何更精准地分配各级法院的审判力量。

比如说级别管辖问题，凭什么省高院一审的审级管辖就是1亿元，而不是9000万元、5000万元或者3亿元呢？再比如，各级法院应该配备多少法官？每一审级、每一个法官每年承担的工作量究竟是多大？法官承担具体办案和承担政策研究、司法解释制定工作的比例应该如何分配？

通过大数据，我们可以动态地、精准地分析每一年度各地法院承办的案件情况，进而分析基层法院、中级法院、高级法院和最高法院审判力量之间如何均衡分配，不让某些地域、某些层级的法官累到吐血也办不完案子。

第五，分析律师的专业领域，促进律师行业的专业化。前些天，无讼平台上线了一个叫作"无讼名片"的移动互联网新产品，把全国每一位律师跟他代理过的案件的信息相关联。这或许可以倒逼律师行业向专业化的方向发展，从而更好地帮助法官分析案件，维护当事人的合法权益。

第六，为全社会的征信提供依据。法院的司法过程是反映每一个人、每一家企业的社会诚信程度的最好"负面清单"。从这个意义上说，我们应当尽量保证司法数据的原汁原味。如果隐去当事人姓名、公司名称等基本信息，将造成征信数据的不全面，甚至根本不可用。

当然，除此之外，当大量的裁判文书信息被汇集和分析，甚至可以对判断国民经济的发展趋势、国家社会结构的稳定程度具有一定指导意义。这些在我以前的一些文章中有过分析论述，今天时间有限，我就不展开说了。

## 2. 便于利用原则

无论是促进阳光司法、推进裁判文书说理改革，还是我刚才提到的形成司法大数据，要让裁判文书公开的积极意义得到最大化的实现，就需要充分利用这些宝贵的裁判文书资源。然而，对裁判文书资源的利用无疑要以这些数据资源的开放为前提。

过去，中国裁判文书网不允许复制、下载已经公开的裁判文书，这其实就在一定程度上限制了社会对裁判文书的利用。不过，据了解，中国裁判文书网即将改版，在完善功能的同时，取消了对裁判文书复制、下载的限制，这样的开放态度值得赞赏，改版后的裁判文书网也尤其值得期待。

除此之外，要让这些案例数据可以被机器读懂，被互联网利用，公开的裁判文书还必须满足这样几个基本要求：首先，文书格式要完整。机器需要了解每一个数据段都是什么表现形式，才能据此解构裁判文书。其次，内容要准确。因为错误的内容反而会误导数据的形成，致使数据不准确。再次，表述要统一。如果同类型的裁判文书在不同地区、不同类型上表述不统一，机器就无法据此做进一步分析。最后，数据之间的关联性要清晰。

只有满足了以上要求，巨量而零散的裁判文书才有可能形成可以被分析、利用的司法大数据。

### 3. 全流程公开原则

过去，我们都只强调裁判文书公开，尤其是只强调生效裁判文书公开，但这实际上只是一种结果的公开，还有许多过程中的数据尚待采集和分析。此外，也只有过程的透明，才能确保结果的公正。

因此，在审判流程中，只要有文书发出，无论它是结案性质还是过程性质的，都十分有公开的必要。有些案件经历了一审、二审，甚至再审，一审作为其中非常重要的一个环节，哪怕作出的裁判文书没有生效，也应该公开。

此外，法官的每一个具体的裁判行为也应当留痕。我们甚至设想，法官的合议意见，甚至包括审委会意见，未来是不是都可以公开？审委会的审议，是整个审判流程中权力最大的，决定案件最终结果的一环，但却或许是整个审判组织结构里面没有人会具体承担责任的一环，通过公开对这一环进行监督十分必要。

当然我们也希望，如果有可能的话，未来继续扩展，将跟裁判文书相关的起诉状、答辩状、律师代理意见甚至双方证据通通在网上公开。如果做到了这一点，那就真正做到了全部内容的公开，法官在裁判文书中对证据的采纳、对事实的认定是不是值得商榷，是不是遗漏了重要事实，都可以一览无余，据此评价律师说理的被采信度也将成为可能。

裁判文书中的数据资源只是司法大数据的其中一部分。尽早将案件审理全流程的数据收集起来，并且纳入到司法公开的范畴，司法大数据才能真正完善。

当然，要贯彻这三个原则，我觉得还要有四个"充分相信"。

## 1. 充分相信人民群众的理解力

在裁判文书公开和全流程公开的问题上，有不少反对意见。其中，一个最主要的反对意见就是：公开之后人民群众的不理解会对司法权威造成损害，对司法公信力产生负面的影响。

但是我觉得，这其实低估了人民群众对司法的信任度。我们会发现，只要是不透明的事项，网上的意见就大；只要信息是透明的，朝理性方向的引导就变得非常容易。

前段时间，浙江高院摊上了两件大事，一件是孟教授骂法院，一件是齐奇院长被舞台剧举报。浙江法院做得就非常好，及时公开了相关案件的裁判文书，舆论很快就趋于理性。我在"每周蒋讲"专栏中，曾经专门写过一篇文章谈这件事情 (详见《有一种自信叫"晒出裁判文书"》[1])。

因此，法院完全没必要去担心人民群众的理解力，也不要低估互联网时代人们的这种觉悟。

## 2. 充分相信各级法院法官的觉悟

我们现在一说到司法公开，特别担心的就是全国法官的抵触情绪。但就我前段时间去吉林高院、浙江高院讲课时和法官交流的切身体会来看，如果我们单纯强调公开的目的就是监督，那么法官可能不大乐意接受。如果我们能够让法官们相信所有的这些公开，其实都是司法大数据的构成部分，而且这会彻底改变法官的工作模

---

1   发布于 2015 年 8 月 14 日，同样收录于本章。

式，提升法官的工作效率，提高法院的管理水平，从根本上减轻法官的工作负担，那么法官其实是能理解和认同的。

### 3. 充分相信技术的力量

其实现在关于裁判文书公开，关于要不要全流程公开，也还有一种声音，就是法院已经不堪重负，全流程公开更会给法院增加压力。但这件事情实际上是可以通过更好的互联网技术来解决的。

互联网时代，工作产生的同时就是你的信息外化的过程。技术上完全可以实现，法官写好裁判文书的同时就可以发布，办案过程也将更加智能化，法官的办案负担也可以大大减轻。

### 4. 充分相信律师的作用

由于立案登记制的实施，由于经济新常态下经济增速放缓所造成的矛盾纠纷增多，再加上司法改革背景下法官数量的减少，现在的法院的确是不堪重负。解决这个问题的最根本的办法，就是让法官只做法官该做的事情，只负责判案，其他所有可以被分给社会力量的都可以交由第三方力量，尤其是律师队伍的力量来完成。事实上，我们现在做的，也正是努力推动律师行业的信息化，使其与法院的信息化更好地对接，辅助法官更高效地工作。

因此，裁判文书公开不应该成为法院的负担，也不应该仅仅是为了阳光司法而强加给法官的任务，而是打造司法大数据的关键一步。一旦司法大数据能够被更好地采集、分析和利用，包括法官、律师、学者在内的所有法律人都将成为最直接的受益者，整个法律圈的生态也有望在未来变得愈加完善。

# 让阳光真正照进司法的每个角落 *

原文首发于《人民法院报》，2015年12月25日在"每周蒋讲"专栏发布。

美国联邦最高法院法官路易斯·布兰代斯（Louis D. Brandeis）留下了"阳光是最好的防腐剂"这一经典名句，不仅深远地影响着每一位法律人，同时也得到了世界各国、社会各界的广泛认同。

最高人民法院院长周强早在2006年主政湖南时就曾公开表示"阳光是最好的防腐剂，让权力在阳光下运行"，并在此理念下大力推进依法治省。周强院长2013年赴任最高人民法院后，更是把这一理念运用到了我国的司法领域。从这一年开始，最高人民法院大力推进阳光司法，"司法公开"也成了社会各界关注的热词之一。

近两年来，裁判文书公开作为司法公开的重大举措之一，取得了非常了不起的成绩。全国法院已经在中国裁判文书网上发布了超过1000万份的生效裁判文书，创造了全世界最大的裁判文书网。裁判文书公开就像一缕阳光照耀着我国的司法领域。

但是，阳光照耀到的地方，只要还有阴影，腐败就有可能隐藏到那里去。"选择性公开"就是裁判文书公开这缕阳光下的阴影。我们当然应该旗帜鲜明地反对"选择性公开"裁判文书，从根本上解决这个亟待破解的关键问题。

**在现有裁判文书公开制度下，应当杜绝"选择性公开"，真正做到符合公开条件的裁判文书全部公开。**

虽然在中国裁判文书网公开的裁判文书已有1000多万份，但是，以目前全国法院每年审结1000多万件案件的数量粗略计算，也就只有一半的裁判文书实现了公开。

一方面，很多法院、很多法官对自己的裁判文书不够自信，怕社会公众"挑毛病"，怕"出洋相"，迫不得已才挑选公开一些自己有把握的裁判文书。裁判文书公开的目的不是为了展示法院建设成果，更不是优秀裁判文书展览，如此"选择性公开"裁判文书就会背离公开裁判文书的初衷。

另一方面，裁判文书公开制度规定了不公开涉及国家秘密、个人隐私、未成年人违法犯罪等内容的裁判文书，特别是还有个"其他不宜在互联网公布的"兜底条款，这些不公开的事由往往成了巨大的"口袋"，为"选择性公开"提供了借口，很多应该公开的裁判文书就这样被装进了"口袋"，藏了起来。要从根本上解决这一问题，我们就要公开那些未上网裁判文书的案号、当事人、审判组织成员信息及其不公开的理由，甚至包括公开裁判结果，以接受社会公众的监督。

**未来裁判文书公开的制度设计上，不应再是"选择性公开"具有"结果性"的裁判文书，而是应该公开司法全过程中的所有文书。**

作为社会公共权力，司法运行的全过程都应该在阳光下展开，也只有过程的透明，才能确保结果的公正。在审判全流程公开的理念下，无论是"结果性"的裁判文书，还是程序性的各类裁定书、决定书，甚至是通知书，都应该做到全面公开。

目前的裁判文书公开制度要求裁判文书生效后才公布，未生效的一审判决就被排除在外了。有些案件经历了一审、二审，甚至再审，一审作为其中非常重要的一个环节，哪怕作出的裁判没有生效，也应该公开。

此外，法官每一个具体的裁判行为也应全程留痕。法官的合议意见，甚至包括审委会意见，未来都应当考虑公开。

如果有可能的话，未来继续扩展，将与裁判文书相关的起诉状、答辩状、律师代理意见甚至双方证据全部在网上公开。

做到这一点，就真正做到了"审判全流程"文件的全部公开。

这些美好的设想并非闭门造车。通过查阅公开资料，我们不难发现，其他国家的司法实践中有着大量类似经验。

在美国，最高法院官方网站设定裁判文书公开专栏，公开项目包括：庭审安排、庭审记录、判决摘要、判决意见（含异议意见、协同意见）和法庭指令与公报。所有案件的判决书、诉状、答辩状、律师意见、"法庭之友"意见书和相关下级法院判决全部可以通过案号、案名和当事人名称进行查询。其他联邦法院的网站也参照最高法院网站，公开所有裁判文书和相关诉讼材料。

新西兰法院网站的"通知公告"栏目每日更新法院审理的案件，网站还提供案件判决结果的 PDF 文件，包括案件的全部信息、争议焦点以及判决依据和结果。当事人和公众可以自由下载该文件。新加坡法院公布的刑事案件文件包括案件编号、文书制作时间、犯罪嫌疑人基本情况、辩护律师情况、案件性质或主题词、审理时间、审理事实、裁判结论等。公布的民事案件文件包括案件编号、文书制作时间、双方当事人基本情况、案件性质或主题词、审理时间、案件基本情况、原被告意见、主审法官的裁判意见、结论等。

在推行裁判文书公开之初，对于裁判文书要不要公开的问题就产生过激烈的争论，支持或者反对的意见都有各自的道理，公开与不公开也是各有利弊。

然而，一种制度从来都是利弊夹杂在一起的，最终作出怎样的设计，应该从价值观的层面去权衡和考量。

当时，最高人民法院也正是从裁判文书公开具有接受社会监督、统一裁判尺度、提高法官职业化水平、引导构建诚信社会、提高司法权威等方面的巨大价值考量，决定大力推进裁判文书公开。

实践证明，不但没有因为推行裁判文书公开而引起社会公众的不满、降低司法权威，反而在裁判文书公开方面的每一点点进步都赢得了社会各界的喝彩。今年两会上，周强院长所做的《最高人民法院工作报告》更是以史无前例的高票得到了与会代表的普遍认可。难道说人大代表代表的不是人民的意志吗？显然，现在不会有人再去讨论该不该公开的问题，法院内外、社会各界对裁判文书公开已经形成了共识。

现在，当我们讨论裁判文书全面公开、全过程公开的时候，常常听到两种反对意见：

一种反对意见是，全面公开裁判文书，甚至公开司法全过程中的所有文书没有必要、实际意义不大，还会大量增加法官的工作量。

我看来，这种意见没有充分根据。

一方面，目前公开的裁判文书只是"结果性"的。司法全过程中的文书没有公开，也就意味着司法全过程并不完全透明，没有得到有效的社会监督。因此，公开司法全过程中的所有文书对加强社会监督，使阳光照进司法每一个角落来说十分必要。

另一方面，在国务院发布《促进大数据发展行动纲要》后，政府信息公开、大数据应用已经上升到了国家战略层面。在司法领域，如果还只是把裁判文书公开的目的和意义限定在接受社会监督等方面，不够与时俱进。裁判文书承载着大量司法数据，鼓励全社会来充分利用裁判文书，让裁判文书资源充分发挥作用才是裁判文书公开的最终落脚点。

目前裁判文书公开的全面性还尚未真正满足可以充分挖掘利用其中司法大数据的要求。如果裁判文书做到全面公开，把司法过程中形成的零零散散的裁判文书等材料汇总起来，就能形成完整的司法大数据。通过对司法大数据的深度挖掘和分析，可以为统一裁判尺度提供极大的帮助，为客观评价法官的裁判风格、律师的业务能力和当事人的诚信程度提供参考，还可以为研究诉讼发生规律、制定社会政策乃至立法提供数据支持。难道说全过程、全面公开裁判文书在加强社会监督和大数据应用方面有着如此巨大的价值还不算有意义？

关于增加工作量的问题，我认为，推进一件事情，最重要的是要看这件事的意义和价值，只要是有利于推进司法进步的事，有困难、没条件，克服困难、创造条件也要坚定不移地推进。

今年立案登记制改革的重大意义不言而喻，每个人都知道立案登记制会带来案件数量的大幅增加，也会给全国法院增加巨大的工作量，那么，会因为增加工作量而不推进立案登记制改革吗？

对法院工作来说，全面公开裁判文书，甚至是司法全过程的所有文书，的确意味着不小的工作量，但这并非是不可逾越的障碍。

一方面，在法院信息化建设即将进入 3.0 时代的背景下，充分利用信息化软件产品可以大大提高裁判文书排版、校对、上网前技术处理等工作的质量和效率。

另一方面，随着法院人员分类改革的深入推进，法官与司法辅助人员的配比日趋合理，完全可以通过合理的分工，有效化解裁判文书公开工作给法官带来的工作量的问题。如果我们的思想更解放一些，此类事务性工作甚至可以用采购服务的方式，借助社会第三方的力量完成。

**另外一种反对意见是，当前社会公众的法律意识仍处于一个较低的水平，公开大量的过程性裁判文书和未生效的裁判文书，会导致社会公众的不理解，甚至误导公众，降低司法权威和司法公信。**

这是司法不自信的典型表现。

根据审判公开的原则，案件的裁判结果对于案件的当事人来说都是公开的。利益最相关的人都知道，不相关的人还怕知情吗？

另外，是否会引起公众的误解与公开或不公开不属于一个层面的问题，公开本身不会引起社会公众的误解，可能会引起社会公众误解的只能是裁判文书本身。

有人担心，公开了未生效的裁判文书会误导公众，其实，这个问题很好解决，只要在裁判文书公开时，建立一审、二审、再审裁判文书或者相关案件之间的关联关系，对未生效或者被改判的裁判文书加上标注，就能从根本上防止社会公众产生所谓的误解。

之所以会有这种反对意见，是我们对社会公众的理解力不自信造成的。

公开程度不够，才会引起猜测、怀疑甚至误解。一些案件之所以受到社会舆论关注，产生极大社会影响，就是由于案件信息不公开、不透明引起的。只要过程透明、信息对称，朝理性方向的引导就变得非常容易。

前段时间，浙江在发生教授"骂"法院和法院领导被舞台剧举报这两件事时，法院及时公开了相关案件的裁判文书，使得社会舆论很快趋于理性。我为此曾专门写过一篇评论文章：《有一种自信叫"晒出裁判文书"》[1]。

因此，只要案件的全过程都公开出来，让司法的全过程都在阳光下运行，就没必要担心人民群众的理解力，也不要低估互联网时代人们的觉悟。

裁判文书全面公开、全过程公开，是进一步深化推进裁判文书公开工作的关键一步，只有向着司法全过程文件公开这个方向不断努力，最终才能让阳光真正照进司法的每个角落。

我们期待那个阳光普照、春暖花开的季节！

---

1 发布于 2015 年 8 月 14 日，同样收录于本章。

# Part 6

# 律师、法官与法律生态圈

# 司法改革，律师准备好了吗？ *

原文发布于 2014 年 7
月 25 日。

　　2014 年，法律界最热门的词是"司改"。历经 15
年的进退浮沉，司法改革的破冰之旅终于再度起航。
司法改革不应只是自上而下的变革，也不只是法院的
自弹自唱。律师作为司法改革的实践者和"消费者"，
是社会公平正义的天平上不可或缺的砝码，应该通
过有效的反馈通道积极参与其中，推进司改进程。面
对司法改革的浪潮，律师朋友们，我们真的准备好
了吗？

## 一、律师的专业技能能顺应司改要求吗？

### 1. 更细的专业分工

　　司法人员分类管理就是把法院 / 检察院工作人员
分为法官 / 检察官、司法辅助人员、司法行政人员，
对法官 / 检察官实行有别于普通公务员的管理制度。
通过建立专业职务序列及工资制度，促使法官更加专
业化，审判队伍更加细分化。

法官更加专业化了，但目前我们律师队伍专业化分工做得并不太好，"万金油型"的律师仍不在少数。而司法人员分类管理无疑对我们诉讼律师的专业技能分工提出了更高的要求，因此律师行业更细的专业化分工改革迫在眉睫。

### 2. 更强的庭审技巧

常有人问我："蒋律师，你讲课讲了那么多庭审技巧，但在中国的法庭，我既不能像国外律政剧中那样在法庭上站起来说话，也不能走到证人面前去发问，这些庭审技巧实际上都用不上啊！"

毋庸讳言，中国的司法环境长期以来并不太好，法院的独立审判颇受质疑。新一轮的司法改革在涉及法官职权配置与运行机制方面，最耀眼的亮点当属审判责任制的建立。改革强化了审判主体的作用，法官对案件有了更强的独立性和决策权，这就使整个司法决策过程建立在"以庭审为中心"的基础上，对律师的庭审诉讼技能提出了更高的要求。

这就需要律师以更强的现场说服力和感染力当庭打动法官。假使有一天我国的庭审允许律师可以像律政剧中那样走动着发言，也可以技巧地询问证人，那么我想问，现在我们有多少律师可以在法庭上如此自如地发挥？那些"炫酷"的辩论与盘问，隐含的是台下几十年的经验积累、一个案件几百甚至上千小时的精心准备，甚至于庭前模拟、诉讼工具、心理学、逻辑学知识等诸多综合能力的应用。诉讼律师苦练自己的"武功"，无疑是让庭审真正发挥作用的必要一环。权责更明确后的法官，一定也更希望律师在庭审当中以为当事人更负责的专业精神来帮助法庭搞明白案件。

## 二、律师有能力推进诉讼程序改革吗？

律师拥有过硬的专业知识、丰富的诉讼经验，是诉讼程序中的重要角色。常常有律师抱怨在诉讼程序中未能得到充分的尊重、未能行使正当的权利，如果律师在办案中憋屈了，那么这些地方就一定是需要改革的。

在司改的大潮中，律师应当更加积极主动地去关注、参与，努力达成司法系统、诉讼程序的平衡合理。律师与法官同为法律同行者，有共同的法治目标，有时缺乏的只是更多的互相沟通、互相理解。昨天在最高人民法院公布的 2014 年重大课题中，我还关注到了一个有意思的新课题："法官与律师关系研究"。但最高人民法院 30 个课题研究中，有各级法院和法律学者参加，却没有律所或律师参与，这不能不说是个遗憾。一方面，最高人民法院应当关注律师对司法程序改革的研究意见；另一方面，律师也应当积极参与并深入研究，提出有价值的建议。与其等到司法改革完成，已成定论，再抱怨司法体系不完善，亡羊补牢，为时已晚，不如现在就积极思考，积极行动，一点一滴，积沙成塔。

## 三、法律人才双向流动，是机遇还是挑战？

"四五改革纲要"对法院人事管理体制有重大改革，其中统管制、员额制、遴选制，特别是从社会选拔法官、检察官，都引起了广泛的热议。

今年年初，最高人民法院发布公告，面向专家学者、律师、党政机关从事法律工作的人员公开选拔 5 名高层次审判人才，分别担任最高人民法院刑事审判庭副庭长、研究室副主任等职务。参加报名的 170 多人中，律师占了 41%。

前几天，一位 39 岁法官的辞职信传遍社交媒体，这折射的只是法官辞职潮的一角。今年两会上，北京市高院院长慕平就曾透露，北京法院系统近 5 年已有 500 多人离开法院。

一方面是法院的门向律师敞开了，另一方面是更多法官进入律师队伍。司法改革肯定会促进法律职业共同体之间的更多自由流动，关键在于，律师是否做好了面对自由流动的充分准备？当我们穿上法袍，从为当事人提供法律服务的律师，转身成为一个中立的裁判者时，我们是否有足够的独立精神、法律情怀？是否愿意主动担当起更多实现全社会公平正义的抱负？当脱下法袍的裁判者加入我们，我们又是否能以专业、敬业的姿态迎接他们，让我们律师的队伍更多元化、更专业化？不得不说，这是机遇，更是挑战。

## 四、司法公开，律师可以做什么？

去年周强当选为最高人民法院院长的当天，我发了一条微博，认为新任首席大法官推动司法改革进程的两大抓手，一定是"司法公开"和"信息化建设"。这一年多来，审判流程、裁判文书、执行信息的"三公开"成为关键词。中国裁判文书网的上线，让许多裁判文书晒到"阳光"下，接受全民的监督。以"司法公开"倒逼"司法公正"，绝对是我国司法改革中牵一发而动全身的重要举措。

类似这样的举措，可以看作是法院的主动公开和主动接受监督。但律师在这其中是否可以发挥重要作用呢？"要让人民在每一个案件中感受到公平正义"。是的，真正的公平正义在于一个个具体案件的实现，而律师就是这些具体案件的最直接、最深层次的参与者。每个律师的心中都对办案的法官有一杆秤。这个法官的专业水准、司法能力、职业道德、公信度如何？不少国家评估法官的一个重要指标，就是看律师对其的评价。

而随着司法的进一步公开、信息化的推进，律师是否也可凝结成一股更重要的力量，采取恰当、合理、有据的方式，在司法改革进程中发挥作用呢？例如利用大数据分析方法对法院在裁判文书网等平台公开的信息进行分析研究，对各地各级法院的信息公开程度等以第三方平台的方式进行评价，从而督促法院把司法公开真正进行到底，等等，都应当是我们可以思考并践行的方向。

## 五、律师行业自律怎样做到位？

阳光司法、体制改革、反腐，我们有理由相信，司法环境正处在一个逐步净化的过程中，"把权力关进笼子里"，司法权力寻租空间将被钳制得越来越紧。在这里却不禁要反问一句：我们律师的自律是否能够跟上？"到底是法官让律师逼良为娼，还是律师把法官拖下了水？"这样的问题，在一段时间之后，我们能让它彻底地消失吗？

法官和律师是法律职业共同体中最主要的实践者，是司法改革的两条腿，现在法院已经迈出了改革的步伐，接下来需要律师们更加积极地配合和参与。只有在法院和律师之间形成通畅的回路，才能保证司法改革朝正确的方向一直走下去。

去年在苏州的一次读书会上，我曾说过一句听起来很拗口的话："当我们身处在这个时代的时候，我们并不知道我们身处在这个时代。"司法改革，重建的是中国的司法生态，法律职业共同体中的每一个法律人都身处其中。律师们，我们准备好了吗？

# 重塑法庭的光荣与梦想 *

原文发布于2014年
10月31日。

我问过好多同行一个问题："你当初为什么选择法律专业?"

他们的回答往往是:我印象里总有小时候看过的电视画面——法官稳稳地坐着不怒自威,律师在庭下唇枪舌剑,真相竟然就这样越辩越明,简直太帅了!

是的,我也因此而走上了法律的道路。小时候那铺天盖地的中国第一部刑法颁布的宣传海报,《法中情》《法外柔情》这些占据我童年主要记忆的律政剧,促使我在高考志愿里填下了我的唯一选择:法律。

**根植在每个法律人心中的,可能都是最初的那个深深的"法庭梦"。**

但成年以后,却好像没有了那么多追逐梦想的勇气。有时现实也会令人沮丧,那些有关法庭的光荣与梦想,仿佛正在离我们越来越远。

偶尔听律师寒暄,有人说:"我现在进步了,只做非诉业务,早就不做诉讼了!"法学院校的同学们聊起找工作的第一志愿,好多人都是:我想去做IPO、

PE，这样才能有体面的生活。而法官，这些对法庭更是有着很深感情的人，也因为"情非得已"，"身不由己"，纷纷选择离职。

连法律人都在逃离法庭，这不得不使我们扪心自问：法庭到底怎么了？

有的律师在法庭上，法官问起来一问三不知，找证据材料自己都不记得在哪一页，这又如何让审案的法官尊重。有的法官在开庭时玩起了手机，甚至打瞌睡，对律师的陈述不抱耐心，这也使那些为案件精心准备的律师万分心塞。而那些法庭外找关系、法庭下受指令的律师、法官更想说：不是我不想重视法庭，是如果法庭上说的这些都没用，法庭上审的这些都不是最终定案的依据，我们在法庭上能做什么？

套用当下一句流行语：对于法庭，我们"累觉不爱"了。

问题与原因似乎人所共知，又似乎每个人心中都有自己的答案，我们看向未来，始于当下。

最近有个段子：1954年，宪法颁布，法律界的春天来了；1978年，拨乱反正，法律界的春天来了；1997年，十五大正式提出依法治国方略，法律界的春天又来了；这些天，据说法律界的春天又来了。不得不说，法律界是个频繁"叫春"的界别……

**一笑了之，我却仍然要"叫春"。**

中共十八届四中全会《决定》出台，"依法治国"升入了"2.0时代"。树立宪法权威、规范部门立法、强调依法行政，这些自不必说，法律渗入人们的每个行为和每个意识，需要时间和踏实的作为。

给我注入强心剂的，是"法庭"得到最有力的重视。"推进以审判为中心的诉讼制度改革，……保证庭审在查明事实、认定证据、保护诉权、公正裁判中发挥决定性作用。""构建开放、动态、透明、便民的阳光司法机制，推进审判公开……"

法院案件受理制度由立案审查制变更为立案登记制，有案必立，有诉必理。这使得应当进入法庭的，都能够进入法庭。让法庭真正成为人们定分止争的最有力关口。

为了保护这个神圣的法庭不被干扰，一些有力措施出台。如最高人民法院设立巡回法庭，探索设立跨行政区划的法院、检察院，打破地方保护对司法的干扰；建立领导干部干预司法活动、插手具体案件处理的记录、通报和责任追究制度，打破行政力量对司法的干预；实行办案质量终身负责制和错案责任倒查问责制，让法官、检察官真正为自己负责、更为案件负责。

"司法独立"这个词很大，但这些年说得多做得少。在这份《决定》中，着墨在于"公正"与"公信力"，"独立"作为重要手段。通篇也仅出现一次"完善确保依法独立公正行使审判权"的表述，取而代之的是以上具体制度。这样务实的态度，使我有理由"叫春"。

法律群体的职业化是保障法庭的另一条路径。在早些年的司法改革中，"法律职业精英化"曾是做过的尝试。这次《决定》专段表述"加强法治工作队伍建设"，"推进法治专门队伍正规化、专业化、职业化"。建立法官、检察官逐级遴选制度，既为优秀的基层法官、检察官提供晋升通道，又保证上级法院、检察院的法官、检察官具有较丰富的司法经验和较强的司法能力；从符合条件的律师、法学专家中招录立法工作者、法官、检察官，实现法律职业共同体人才间的自由流动。

《决定》全文共提及 9 次法官、12 次法院，提及律师 30 次，法庭受到前所未有的关注和重视。尤其值得一提的是，《决定》用了两段、百余字来讲律师队伍的建设。"构建社会律师、公职律师、公司律师等优势互补、结构合理的律师队伍。"法律这个专门群体的建设、交流和共融，将成为下一个阶段的一个十分重要的命题。

**法庭是诉讼律师的主战场。作为一个诉讼律师，我就是为法庭而生。**

我心目中的开庭就像神圣的宗教仪式。我们的律师把法庭视为神殿，他们为一个案子准备几百上千个小时，在出庭日的早晨沐浴更衣，打扮得一丝不苟，带着朝圣的心情走入法院大门，像进行宗教仪式一般进行法庭辩论。我也见过就像神职人员一样内心纯净的法官，他们以中立裁判的位置，引导庭审有序进行，确保双方在公平的条件下和氛围中据理力争，给出正义的答案。

**让法庭回归神圣。让每个法律人，真正为正义代言，重塑法庭的光荣与梦想。**

# 2014，一个律师的年终盘点 *

原文发布于 2014 年
12 月 26 日。

前几天，2014 年年度汉字出炉，"法"字在 7000
多条网友推荐词中脱颖而出，荣膺中国年度汉字。今
天清晨，我送六岁的女儿上学。我问她："你知道'法'
字怎么写吗？"她说："当然知道了。"

我又问她："你知道'法'字什么意思吗？"她摇了
摇头。

可能再长大几岁，她就知道"法"是什么意思了。
但那时候她还不一定知道"法"到底意味着什么。

直到 10 年、20 年后，我的女儿真的长大了，在
她的时代里，一定会有人将老报纸翻到 2014 年，去回
顾这一年发生的点点滴滴————那时候她一定有答
案了："法"，可能意味着一个时代的走向。

站在这一年的末尾，回首 2014，相信每一个法
律人心中都汹涌澎湃。前所未有的，"法"成了这一
年中最大的主题。它的分毫进步变革，其影响都将
远超我们现有的感知，而这种影响势必一一落在我
们身上，落在父辈身上，也落在像我女儿一样的下
一辈身上。

2014 年 10 月，中共十八届四中全会召开，"依法

治国"前所未有地被列为会议主题，16 000多字的会议决定将"法治"推进到一个前所未有的历史高度。

依法治国是我们国家的基本国策，几十年缓步前行中，遇到了种种瓶颈。十八届四中全会赋予了这个词语新的内涵，让它在宏观的顶层设计、法规制定到微观的具体执行都有了明确而具体的呼应。

我们称这种变化为法治的"2.0升级"。

在具体层面，我们同样看到了诸多变化。《行政诉讼法》大修，"立案难、审理难、执行难"的问题在新法条中得到了最大程度的解决，"民告官"正式迈入新阶段；《刑法修正案（九）草案》出台，新法条呼应民意，减少了死刑罪名，加大了对暴力恐怖犯罪和贪污贿赂犯罪的惩治，人们热议的信息网络安全问题、公民人身权利保护问题也在草案中得以体现。

更让人兴奋的是，这一年，人们期待已久的司法改革加快了步伐。《人民法院第四个五年改革纲要（2014—2018）》（简称"四五"改革纲要）正式发布，让法院独立办案的呼声有了清晰的路线图。知识产权法院、最高人民法院巡回法庭等方面的种种进展，也显示出高层革除司法弊病、强化审判独立的决心。

在"法治2.0"的背景下，这个复杂的社会依旧呈现着它复杂的运行逻辑。我们所追求的正义，依旧端着一张普洛透斯似的脸，随时呈现出不同的形状、不同的面貌，变幻无常。每个人对正义都有不同的理解。

复旦投毒案中，林森浩是不是应当判处死刑？黄海波嫖娼案中，对黄海波在行政拘留之后进行收容教育，是否违反"一事不二罚"原则？媒体对这件事情的曝光是否侵犯了黄海波的隐私权？

在"3Q大战"里，腾讯是否滥用市场支配地位？而在"少年不可欺"的版权争论后，创意到底是否可以获得法律的保护？

在念斌投毒案和呼格吉勒图案里，人们在感叹人间悲剧的同时，也在提问冤案为什么会发生，谁应该为冤案负责，我们的法律制度今后应该如何避免类似悲剧的产生？

2014年，从刑事到民事，从一审到二审，从庭上到庭下，我们看到的不仅仅是人们对法律事件本身的关注，更多的是对诉讼背后法理的探究。这种争论与交锋不仅实现了一次次广泛而又深刻的普法，其对案件本身的办理程序与真相澄清也起到了间接的推动。

这种争论与交锋背后，意味着法律人的分化与对立吗？在时有发生的"死磕"、冲突中，我们几乎已经认定这样一条鸿沟无法消弭。但年末去世的一个法官，以及他身后发生的一切，却让我们看到了另一种可能性。

2014年12月10日，上海市高级人民法院副院长邹碧华突然离世，这让包括律师在内的整个法律界陷入了深深的悲伤之中。"希望让律师的执业环境越来越好"是他留给世界的最后一条微信。而在他去世当天，由他主导推动的上海法院律师服务平台刚刚上线运行。

邹碧华的有生之年，一直在极力推动法官与律师之间建立和谐互动关系，他认为二者除了制度设定的"对抗"关系之外，更应该有的是一种理解的"相惜"。

他说，法官与律师的相互尊重是良性互动关系的一个起点，律师对法官的尊重程度代表着法治的发达程度，而法官对律师的尊重程度则代表着社会的公正程度。

天下之事，不难于立法，而难于法之必行。法律真正得到落实，正义真正得以彰显，需要每个法律人的切实努力。在这个过程中，构建法律共同体就显得尤为必要。法官、检察官、律师、法学家虽然职业不同，但实际上他们都有着同样的法治理想，也面临着相似的机遇与挑战。

基于这样的共识，每个法律人都希望能够在制度框架前提下实现最大程度的合作与协助。在这样的前提下，法律职业共同体胜，则中国未来的法治胜；法律职业共同体败，则中国未来的法治败。胜可举杯相庆，败应拼死相救，法律职业共同体的未来实际上就是中国法治的未来。

我的身份是一个律师。作为"共同体"中的一个重要组成部分，在这一年的司法变革里，我和我的同行们都同时收获了机遇和挑战。

随着法治升级，可以预见的是法律服务市场将会进入一个高速增长期。这样的情况下，律所是否能够提供多样化的法律服务，是否能够满足用户个性化的法律需求，成了每一个律所应该考虑的首要问题。

另一方面，随着移动互联网的兴起，去中心化的互联网对传统律所的组织架构提出了巨大挑战，而来源于边缘创新的法律电商更是对传统律所的业务虎视眈眈。面对这一波浪潮，律所是选择主动变革谋取弯道超车，还是在原有业务领域内做精做深，这需要每个律所根据自己的规模和定位做出选择。

2015年即将到来，我的女儿将长大一岁。未来的一年，我们能不能更加细致认真地对待每一个案件，能不能对自己的职业多一份敬畏与珍视，能不能像保护自己的权利一样来保护他人的权利？看着女儿殷切的大眼睛，我的心中已经有了肯定的答案：这是我对自己的承诺，对女儿的承诺，更是对整个法律职业共同体的承诺。

不积跬步，无以至千里。有了每一个法律人的努力，相信在2015年，"法"字在中国这片大地上会写得更加坚实，有力。

# 法官和律师谁更专业？ *

原文发布于 2014 年 7
月 11 日。

　　常常听到律师抱怨当前法治环境不尽如人意、法官队伍素质参差不齐，以至于有些人心灰意冷，说"我代理案子办得再好又有什么用啊，法官又不听我的！"毋庸讳言，这种情形确实存在，而且这是我们这些诉讼律师最希望改变的状况；但凭我这些年的实践观察，在我所从事的民商事诉讼领域，我们并不能一味地认为只要法官没有采纳我们的意见，就是法官不专业。相反，在希望法官更职业化、更专业的同时，诉讼律师更应当反思自身：我们的职业化、专业化做得如何？我认为，在民商事诉讼领域的专业性方面，从制度建设和行业管理的角度，律师和法官在整体上是有差距的，这值得我们诉讼律师反思。

　　**第一，从专业分工来看，**法官在某一业务审判庭从事某一方面的审判工作，往往一干就是几年甚至十几年，这么长时间里只办一类案件。一个办刑事案件的法官不会去办民事案件，一个办民事案件的法官不会去办行政案件。律师则不然，有些律师由于案源的压力及律所体制的原因，碰到什么样的案子就做什么样的案子，遇到什么样的当事人就为什么样的当事人服务，也就是我们平时所说的"万金油"式的律师。这样的律师可能今天办一个诉讼，明天办一个非诉，今天接一个刑事案件，明天接一个民事案件，没有进行专业分工。试想一个人的精力是有限的，如果什么都做、面面俱到，怎么可能比只专注在一件事上的人更专业呢？

**第二，从办案数量来看，**法官一年的平均办案数量，远多于诉讼律师一年平均代理案件数量。根据 2014 年最高人民法院工作报告，2013 年全国各级法院受理案件约 1423 万件，而全国共有约 19.6 万名法官，平均每位法官一年办理案件约 72 件。据我了解，北京市 2013 年民事审判的办案冠军，一年办了 800 多件案件，算上参加合议的案件，其真正接触过的案件数量比这个数还多。可我们诉讼律师一年办案的数量远远低于法官。据统计，2010 年刑事案件的代理率不足 20%，民事案件的代理率也差不多，这意味着从整体来看，法官办案数量是律师办案数量的 5 倍。可见，律师个人办案的数量不如法官多。

**第三，从工作分工来看，**法官坐堂问案即可，程序性事务交给书记员去办理；而律师往往没有业务秘书配合，事无巨细，甚至是复印一份文件，都要自己去办。法官只管审案，而律师还要为案源开拓、客户谈判伤脑筋。所以，从这个意义上来说，法官更专注于案件本身。

**第四，从办案方式来看，**法官办案全过程，要阅卷，要写阅卷笔录，要写庭审提纲，要写审理报告，要提交合议，要写合议庭记录，要写裁判文书……全程贯穿着文书记录，一环扣着一环。但有些诉讼律师并未养成书面工作的习惯，总认为诉讼律师靠嘴巴在法庭上说就可以了，忽视了笔头功夫。除了必写的起诉状、答辩状外，有些人甚至连书面的代理意见都懒得写。我们常有这样一种感受：有些事情的道理，嘴上说很清楚，笔头上却写不清楚。可是，我们什么时候见过法官用口头判案吗？

第五，从办案的组织机构来看，除简易程序外，案件都由几个法官一起来合议，集思广益。有些复杂疑难案件，还要上审判长联席会议或是审判委员会讨论（此处姑且不论这些机构对审判权力运行的影响如何）。久而久之，法官们在案件讨论过程中会互相学习，从而提升自己的业务能力。而我们有些诉讼律师，由于律所实行提成制等客观原因，没有形成团队，各办各的案子。相信大家都有这样的体会，一个案子是否经过讨论，办出来的效果是完全不一样的。如果经常有人一起讨论案件，律师办案的专业能力也会有很大提升。

第六，从人才来源来看，20世纪八九十年代，律师有统一的入门门槛，即律师资格考试，很多律师都是海归，或是由有经验的法律人下海而来；而法官是没有资格考试的，大量"复转军人进法院"当法官（参见贺卫方著名文章《复转军人进法院》）。进入21世纪以来，国家统一司法考试，法官也有了资格考试的门槛；再加上近十年来"国进民退"及"公务员热"的现实，大量的优秀毕业生涌向国家机关，包括法院。而进入法院的名额是有限的，这样就抬高了法院的门槛，只有优秀的法学院毕业生才进得了法院。在这种分化浪潮影响下，法官队伍职业群体的整体素质在优秀法学院毕业生大量引入的这些年里，有了大幅度的提升。而少数选择做律师的毕业生，又普遍认为法治环境不好、诉讼没有技术含量、非诉讼业务更高端等，首选做非诉讼业务。"实在没得做了，我就去做诉讼。"这是好多法学院毕业生的口头禅。

**第七，从职业培训来看，**法官队伍的职业培训更加完善：一是发展得比较成熟。由于国家法官学院的培训机制多年以来已十分完善，课程设置和主讲老师都比较成熟。二是法官参加培训有组织保障。脱产式、集中式的培训，能够比较好地保证培训效果。三是法官的培训和职级晋升密切相关。初任法官的时候要参加初任法官培训，晋升到高级的时候必须参加高级法官培训，要担任领导职务的时候还需参加相应的院长培训班等。

与之相对的是律所对培训的不重视及律协培训的局限性。有些律所之所以不重视培训，一是由于部分律所实行提成制，提留的共同经费有限，没有钱来办培训；二是每个律师的业务都是独立的，没有组织培训的动力；三是即便是同一个所的律师，即便是师傅与徒弟的关系，也可能认为互相之间存在着竞争或是潜在竞争的关系，所以师傅不愿意教徒弟，认为"教会了徒弟，饿死了师傅"，更不愿意教别人；四是律所之间的竞争关系使得大家相互封闭，不愿意知识分享开放，更不愿教别的同行；五是有些律所即使想做培训，也没有足够的师资力量，心有余而力不足。

因此，律协担当起了律师行业统一培训的重任，但目前有些地方的律协培训做得不够好。首先，培训往往由律协的各专业委员会安排，没有进行统一的组织和计划；其次，律师培训都是自愿参加，但律师日常工作又很忙，即使现在硬性要求培训时间要满一定的课程数、要打卡、完成培训时间才能注册，很多律师还是打完卡、计完时就走人，甚至直接不来，让别人代打卡；最后，培训质量参差不齐，和律师的实际业务工作脱钩严重，使得律师们认为培训没有实际作用。

如此，形成了一个恶性循环：

律协觉得自己很冤：我辛辛苦苦地办培训，你们还不来？

律师觉得律协不作为：搞培训不是你们的本职工作吗？培训效果不好，我干嘛还要浪费工作时间去听？

**第八，从物质保障和技术力量来看**，法院有国家经费的支持和投入，在办公环境等硬件条件及办案系统等软件条件上，都有着强有力的保障。尤其是最高人民法院周强院长上任以来，法院加强了在信息化上的建设和投入。据报道，最高人民法院新上线的信息系统，已经可以实现全院的无纸化办公。全国法院逐步完善法院大数据集中管理平台，推进智能办案"云审判"。律师事务所是各自独立的，自身的建设全靠自己的力量，而单家律所的力量始终是比较单薄的。并且，鲜有律所能跳出传统思维，主动创新，跟上信息化变革的脚步。

一个建立在信息化基础上的"大司法社区"(我曾在天同诉讼圈"每周蒋讲"栏目发表文章《中国应有怎样的诉讼服务中心》[1]，全面阐述了这一想法)，不能是"跛脚鸭"，不能法院系统先进而律师事务所落后。这样，双方无法完成对接，"大司法社区"的梦想将难以实现。

---

1　发布于2014年6月26日，收录于本书"司法改革之我见"一章。

上述八点反思，或许会让很多同行不快，但我确实是在"掏心窝"地说。任何群体都不排除存在个体差异情况，以上的反思都是站在两个行业的整体状态，以"吾日三省吾身"的理念来要求自己。诉讼律师及律所要在专业性方面改善自身，要从清醒地认识到自己的不足之处入手，才能更好地与法官一起，致力于专业化建设，推动法律职业共同体的形成。从哪些方面？该如何着手？我愿意继续与大家"蒋讲"。

# 有了尽职的法官，律师还有价值吗？ *

本 文 是 2015 年 1 月
16 日 视 频 栏 目 "蒋
讲·面对面" 的 文 字
整理。"蒋讲·面对面"
是 主打深度问答的线
上视频节目，由参加
天同开放日的律师与
蒋勇律师对话、精选
其中的精彩内容和大
家分享。

**王磊法官：** 大家好，我是陕西省高级人民法院的法官王磊。我想请教蒋律师的问题是，您认为诉讼律师能给当事人提供的最核心的价值是什么？因为随着法治建设的推进，法官会越来越在法律的框架内裁决问题。在这样的情况下，其实不要律师也是有可能的。就是说，这个案子即使没有律师，法官也会尽职尽责地把它办好。那么在这种情况下，当事人如果知道了，咱们律师的价值在哪里？以后谁给咱们付费？咱们将来的道路在哪儿？

**蒋勇律师：** 我觉得这个问题特别有意思，而且特别尖锐。我刚才印象特别深刻的是，你在自我介绍的时候说到，你愿意更多地和律师探讨，让律师更多地了解法官是怎么思考案件的。那么我想问，你知道为什么律师应该更多地了解法官是如何思考案件的吗？因为我们要帮助法官更好地捋清楚案件，更好地做出客观判断，对不对？我们相信，法官一定不是一个精密到一分一秒都不错的判案机器，任何时代也不可能产生这样的法官。

实际上，法官有他自己的思考过程，他在决断任何一件事情的时候都会受到各种各样原因的影响。我说"影响"这两个字的时候，大家千万不要单纯地把它理解为不良影响，更不要把它单纯地理解为人情、行政等各个方面的干扰。我们每个人在思考任何问题的时候，其实都是基于自己过往的认知来做出判断的。法官是人不是神，所以他也一定会受到他自身的成长经历、家庭环境、个人性格、思考问题的惯常模式等因素的影响，甚至包括他在开庭这一天的早上是不是跟自己的夫人吵架了，是不是在路上堵车堵得非常烦躁，这样一些情绪也有可能会影响法官对问题的思考和判断。

所以我们说，法官是人不是神，他是普通人，不是圣人。所以我们要去想，如何能够帮助法官更正确地思考。这是律师的核心价值和作用。

刚才王法官说得特别好的一点就在于，他对中国的法治充满信心，他认为中国的法官现在是，将来更加会，更好地秉公办案。那么在这个过程中，是不是法官自己去办案就可以了呢？王磊是博士出身，我们肯定不需要再去说司法的三角结构。在我们的工作当中，我们也能够看到，如果一个律师在庭前能够很好地准备，在庭上能够非常好地运用诉讼技巧，他是能够说服法官的，这是他的巨大的作用。一些法官在交流的时候告诉我，有时候他坐在法庭上，他觉得特别着急，就是他想问的问题，律师解释不清楚，没说到点上。这种情况下，你们想象一下法官心里会怎么想。我想请问一下王磊，你在法庭上如果遇到这种情况会怎么想？

**王磊法官：**蒋律师说的这个情况，确实一下说到我心里去了。这种情况我遇到过很多，去年就遇到一个很典型的情况。我是做刑事审判法官的。那个案子就是，一审法院给被告人认定了一个立功，但是到我这儿以后我一看，其实是一个重大立功，而且很明显。但是在整个庭审的过程中，虽然是多被告案件，有很多律师参与，却没有一个人提到那是重大立功，都在说它构成立功。当时我真是恨不得跳下去跟他说这是重大立功，你要把法条好好研究研究。

**蒋勇律师：** 对。所以我理解王磊刚才说律师到底有什么用，法官自己就可以把案子判好了，其实讲的是他的亲身经历当中的两个层面：第一个层面就是，他是一个好法官；第二个层面是，他遇到了不够专业的律师。但如果我们反过来看这个情形：我们遇到的不是那么尽责的法官，但是他遇到了一个好律师，这个好律师可能就能在法官没看出来重大立功的时候，指出这是一个重大立功。然后这位法官说：是啊，这是一个重大立功，应该考虑。你们看，律师有作用吗？

那位法官可能并不是刻意地想要把这个重大立功抹掉。刚才王磊都说，我想去帮你说这是重大立功，这说明法官愿意很好地判决案件，但是也许他太忙了，一年要办几百个案件，没有时间看卷看得这么细。我们律师能不能做到？能啊！你应该当庭提出来这是重大立功，那么法官会采纳，这是律师的作用。

除此之外，我们现在说王磊是一位好法官，他很有学识，是博士出身，但是他会不会有还不够专业的领域呢？我想一定会。当他面临他不够专业的领域的时候，如果我们律师能够在这个领域，在专业性上帮助到他，是不是也能有作用呢？其实说到底还是一句话，律师能不能在法庭上有作用，取决于律师自身的专业性能不能帮助自己的当事人说服法官，维护合法利益。律师在任何时候都不会起到把黑的说成白的，从而去影响法庭的作用。这是不可能的。

**王磊法官**：我还有一个附带的问题想请教蒋律师。天同有模拟法庭，有诉讼可视化，我觉得这些都是说服和影响法官的很好的手段。但是咱们为什么没有模拟法院？为什么没有模拟判决书？就是你把自己当作法官，去思考在写判决书的时候，怎么样写才好写下去。这样的角度和律师的角度是完全不同的。此外，在影响诉讼输赢的因素当中，还有许多非法律因素。这种非法律因素不仅仅是咱们说的人情，而是有很多别的因素，比如说效率。现在法官很少，法院的行政人员很多，效率对法官来讲就是一个很重要的因素。还有就是，我们法院相对于西方法治发达国家的行政化的模式，它的判决是怎样产出的？我不知道蒋律师有没有关注和研究过这类问题？

**蒋勇律师**：听到他的这些话，不知道大家看到没有，我一是频频点头，二是特别感动。我觉得全国20多万法官，如果每个法官都像他这么想，我们律师的日子就好过了。为什么？就像他刚开始一直说的，诉讼这个法律服务产品，客户要看你在这个产品中起到什么样的作用。可是恰恰诉讼这个产品呢，对于诉讼律师来说，它又不是一个单方的产品，它跟我们做合同或者其他的法律文书都不一样。其他法律文书你做得漂不漂亮，全取决于你自己下不下功夫。但是你能不能在诉讼中拿到理想的结果，不仅仅取决于你做得有多好，因为它是要把你的成果拿到整个法院的运行体系当中去检验的。

对于诉讼律师来说，我们觉得可以检讨自身，让我们自身变得更好。但是我们也期待，当我们把努力的成果放到这个检验机构里去检验的时候，得出来的是一个公正的结果。王磊刚才谈到，你们有模拟法庭，为什么不模拟法院？其实他想讲的是，开庭是一个环节，是整个审判运行机制中重要的部分，但它还不是全部，其他机制对判决结果的影响其实也应该研究，对吗？

我在去年年底写了一篇文章，在里面提到了一个观点。我认为相比现在大张旗鼓的司法改革来说，法院和法官们可以做的一件更实在的工作是认认真真地研究审判权力的运行机制。事实上，我们也看到了这方面特别好的开端。

我来举几个例子解释一下什么是审判权力的运行机制，王磊听一听是不是这么回事。

第一，比如，一位法官如果在审查再审案件的时候提出要改判的意见，要报到院长那儿审批才能通过，而他如果提出维持的意见，只需要报到副庭长那儿就能通过。我想请问你，如果你是一位法官，如果在不考虑你有多么高尚的情操和职业操守的情况下，你会怎么选择？绝大多数情况下，人会避重就轻，他会在可左可右的情况下选择那个省事的，是吗？那么在这个权力制约机制的分配问题上，就倾向了某一方面。我们应该来考虑，这个倾向是否正确。

第二，比如大家都在诟病的，法院年底之前要结案，以结案率作为考核法院的指标。大家会发现，到了年底法官就拼命地开庭，拼命地加班写裁判文书。关键是，一个法官一天如果多10件案子，报到副院长那儿就会多100件案子。这个副院长平时一天只能审10份裁判文书，等到年底的时候就要审100份。我们想，他能像原来那样认真地去审核吗？年底出现错案的概率会比平时更高，这似乎在法院也是一个不需要去证明的客观事实。

只是好在，我也特别高兴地看到，最高人民法院已经在去年年底宣布取消年底结案率等各项考核指标。所以我自己有一个小小的乐观的判断，我觉得可能从这件事情开始，法院会真正在大张旗鼓地做机构设置的改革之外，研究微观的审判运行机制。微观到刚才王磊法官所说的每一份裁判文书的制作、上报、签发这些过程的运行机制上，法院要去看哪些细节没有遵循审判规律，需要改掉。

我个人认为还有一个特别有意思的例子，就是我觉得法院还应该去研究法官的遗忘曲线情况。我们每个普通人都是今天看过的材料，一天以后只能记得 90%，一周以后只能记得一半，七天是一个重要的遗忘曲线的节点。我们可以做一个实验，看看法官在遗忘曲线上的表现会不会比普通人更好。如果我们设定法官跟普通人差不多的话，那我们想，法官开完一个庭，七天以后才合议，甚至一个月以后才合议，半年以后才合议，那个庭是不是白开了？因为他不记得了。

曾经有人说过，开过一个庭之后，半年以后合议庭才合议。合议的时候，不是主审法官的人看完材料后说，这个案子还没开过庭吧？不可否认有这种情形。这意味着什么？意味着他把整个开庭的过程全忘了。可是我们的律师为了这个开庭准备了多少个小时啊！在开庭的时候给法官讲了多少东西啊！当庭的时候法官也都问到了点子上，双方辩论也辩论到了点子上，这个案件开庭的时候其实已经审得非常清楚了。可是就因为合议的时间拉得过长，合议庭的法官忘了其中的一些细节了，你在庭上的表现可能全部白搭。

所以我所能想象的真正好的合议庭的合议方法是开完庭之后立即合议。说实在的，我为我们的律师们经常叫屈的一点，就是他们开庭的表现非常好，他们回来也告诉我们说，从开庭的时候法官的眼神和言语的交流来看，法官都听懂了，而且法官会支持我们的观点，但是等到裁判文书下来的时候，不一定是这种情形。当然这个过程很复杂，其中不排除一个因素，就是律师们在开庭时的表现并没有在合议的时候被法官记在脑子里。

我觉得类似这样的一些审判权力运行机制的问题，如果像王磊这样的法官，能够在每一个环节都特别自省，都特别意识到这些问题，其实完全可以解决。

**王磊法官：** 蒋律师刚才那一番话中体现的对法院的了解和对法官的了解，让我非常敬佩，因为这是我见过的最了解法院、最了解法官的律师。他刚才说话的时候，我的脑子里一幕一幕闪现出来的是我的工作场景和在工作当中遇到的问题。

我也想借这个机会最后再说几句话。律师同仁们，当你拿到一个败诉判决书的时候，千万不要认为这个东西一定有不为人知的黑幕，其实并不一定是这样。要做好一个诉讼律师，我的理解就是，除了对法律的精熟，还要了解刚才蒋律师说的这种审判运行机制，了解判决书到底是怎样产生的。这件事情在国内外都是一样的。波斯纳法官有一本书叫《法官如何思考》，已经翻译成中文了，我看了之后才知道，在美国的法院，决定案件的所有因素也不一定都是法律。同样的在中国，好像是四川大学的一个博士，龙宗智的学生，写了一本书叫作《刑事判决是如何形成的？》，写得非常不错，我建议大家做诉讼律师的可以看一看。

# 向裁判者致敬：以分享和传承的方式 *

原文发布于 2015 年 9
月 18 日，是蒋勇律师
为"天同码"图书所
作序言。

在更加注重"司法公开"和"司法独立"的新一轮司法改革中，保证司法尺度和裁判标准的统一，正越来越成为法院系统的共识。尤其在裁判文书全面公开、最高人民法院设立巡回法庭等举措实施之后，"同案同判"的呼声比以往任何一个时期都要强烈。让相同或相类似的案件得到同样或同类的裁判结果，不仅符合广大社会民众朴素的正义观，也是维护司法公信和司法权威的应有之义。可以想到，裁判规则统一必然成为未来司法改革的重中之重。

早在 20 世纪 80 年代，最高人民法院就建立起通过公报向社会发布典型案例的制度。到今天，最高人民法院公报案例已发布 220 多期。近几年来，最高人民法院又着手建立和规范了案例指导制度。从 2011 年 12 月 20 日至 2015 年 4 月 15 日，发布了十批共 52 个指导性案例。这些公报案例或指导性案例所蕴含的裁判规则，是法律条文在生活中实际运用的结果，也是司法实践中裁判智慧与经验的系统归纳，对于规范司法自由裁量权、统一裁判规则，发挥了举足轻重的作用。

　　了解裁判者对法律的理解与运用，是律师尤其是诉讼律师执业中不可忽视的一项工作。天同作为专注于高端民商事争议解决的律师事务所，对于此项工作一直给予高度的关注，这既是做好诉讼业务的必然要求，也是培养年轻律师快速成长的路径。天同一直尝试以知识管理的方式为律师执业提供智力支持，从而为客户提供更为精准、可靠的法律服务。得益于司法公开的全面铺开，以及司法机关对典型案例的披露，尤其是新一轮司法改革中对裁判文书的全面公开，天同经过反复的思考和论证，在借鉴国外做法的基础上，形成了对法院典型案例类型化整理的方式，历时两年，形成了这套"天同码"图书。

　　蕴含于过往裁判文书中的处理结果及裁判规则，显然都是裁判者司法智慧的结晶。裁判者通过对个案的处理，将抽象的法律规范适用于具体案件，呈现出一个个司法裁判的真实场景。大量相同或类似个案的裁判结果汇集，就能从中观察或抽绎出类案处理裁判规则。这些规则不仅是后来的裁判者做到"同案同判"必不可少的工作，同样也是其他诉讼参与人预判案件、说服法官的技术保障。

　　尽管如此，在过去很长一段时间里，这些裁判规则的价值很难被挖掘、利用。原因在于，我们缺乏统一的案例信息发布系统，也缺少便捷的案例查询平台，即便有了部分发布的案例，往往也都是完整的裁判文书，或基于裁判文书的更复杂的研究分析，导致裁判者的核心观点、利益衡量、技巧方法等常常淹没在长篇累牍的文字中。一个巨大的需求正在被期待满足，即用专业化、规范化的语言对法律文书进行加工，精炼其中的裁判规则和方法理念，确保案情归纳详略得当，实务要点提炼准确严谨。在此基础上，通过行之有效的检索方法，使之具有便捷的回溯查询功能。这无疑是一项非常有意义的工作。我们希望通过"天同码"这样的案例整理方式，将散落在法海里的珍珠串起来。

起初我们也遇到了很多困难，但我们把这项工作坚持了下来。支撑我们的理由主要在于：第一，天同"三大诉讼法宝"之诉讼可视化、模拟法庭、知识管理和案例大数据，需要"天同码"这样一套全面、系统的知识管理项目来完成案例大数据的梳理。第二，"天同码"在微信公众号天同诉讼圈连续刊发之后所受的欢迎，以及由此引发的法律人对案例的梳理热潮，也让我们看到"天同码"带给法律人的正能量。时代向前发展，科技手段更新，法律人潜心钻研、用心码字的精神仍具有意义。第三，我们希望"天同码"能成为整个法律人传承的一项事业。"天同码"的编排体例体现了缜密的法律逻辑，其对法律问题的研究方法可能比成果本身更值得借鉴和推广。虽然这种案例编撰方法以"天同"命名，但未来，我们希望能吸引、号召更多的法律人加入我们的队伍，一起来完成这一项浩大工程，尤其在互联网时代，我们希望有更多相互分享、交流的方式来扩大这项工作的规模。

分享始终是天同追求的价值之一。今天，"天同码"结集出版，煌煌五卷，凡八百万言，每个字都凝结着我们的心血。我们将内部工作流程中所形成的些许成果以此种方式向所有法律人展示，并非为了炫技，而是因为始终相信，分享能让整个法律共同体变得更好。

饮水思源，没有各级法院尤其是最高人民法院制度性地发布公报案例及指导案例，没有裁判文书的上网公开，"天同码"也难以形成如此规模。即便在案例梳理方面取得了一些成绩，那也是因为我们站在了裁判者的肩膀上，采撷了他们的智慧。正是这些裁判者对法律善良、公正地运用，才让我们的法治进程一直向前。故在五卷"天同码"之外，我们以裁判者姓名为序，编排了《最高人民法院法官类案裁判标准指引》。

我们希望这部图书对于法律人分类检索法官做出的裁判观点有所帮助，也希望通过这样的形式，表达我们的立场：无论裁判结果如何，就制度本身而言，我们都应对工作在一线的裁判者给予足够的尊重！

向裁判者致敬，以分享和传承的方式！

# "尊敬的法官大人" *

原文发布于 2016 年 4
月 29 日。

对于法庭，我一直怀有深厚的情感。

这种情感或许是从小时候看的电视画面开始的。法官稳稳地坐着不怒自威，律师在庭上唇枪舌剑，真相越辩越明。三生有幸，法庭上的这两种角色我都经历了：我曾经在最高人民法院工作，坐在审判席；后来我做律师，坐在代理席。

这两种法庭上的不同位置让我对法庭有了不同的观察视角。有时会让我稍感失望的是，现实中的法庭似乎并不总如期待中那么神圣庄严。有时法官在开庭时玩手机，打瞌睡，对律师的陈述耐心不够，甚至粗暴蛮横；有时律师在庭前准备不充分，一问三不知，找证据材料时自己都不记得在哪一页。有些律师为了给委托人"作秀"，把法庭当成了演艺场……

但这并未让我心中深深的"法庭梦"有丝毫褪色，反而让我对庄严神圣的法庭有了更强烈的期待。

一年多以前，我在"每周蒋讲"专栏中写了一篇题为《重塑法庭的光荣与梦想》[1]的文章，描述我心目

---

1　发布于 2014 年 10 月 31 日，同样收录于本章。

中理想的庭审：那就像神圣的宗教仪式。我们的律师把法庭视为神殿，他们为一个个案子殚精竭虑，在出庭日的早晨沐浴更衣，打扮得一丝不苟，带着朝圣的心情走入法院大门，像进行宗教仪式一般进行法庭辩论。法官则拥有像神职人员一样纯净的内心，他们以中立裁判者的位置，引导庭审有序进行，确保双方在公平的条件下和氛围中据理力争，给出正义的答案。

随着司法改革的逐步推进，我很欣喜地看到，现实中的法庭正慢慢朝着理想靠近。即将在今年 5 月 1 日实施的修改后的《中华人民共和国人民法院法庭规则》，更是通过细节性的规定，让法庭的神圣庄严真正落到实处：

"法庭分设审判活动区和旁听区，两区以栏杆等进行隔离"，把法庭审理这一神圣仪式与旁听这样的日常活动区隔开来；"出庭履行职务的人员，按照职业着装规定着装"，把参与法庭审理的人员与其他人员，甚至与他们自己在日常生活中的身份区隔开来；"审判人员进入法庭以及审判长或独任审判员宣告判决、裁定、决定时，全体人员应当起立"，以示对法官、法庭裁判的尊重；"全体人员在庭审活动中应当服从审判长或独任审判员的指挥，尊重司法礼仪，遵守法庭纪律"，将鼓掌喧哗、吸烟进食、接打电话、传播庭审活动等排除在外，在庄严的法庭上，所有人都应该静心专注、谦卑顺从；"检察人员、诉讼参与人发言或提问，应当经审判长或独任审判员许可"，法官应该拥有对法庭的绝对控制权……

这些规则，和已有的国徽悬挂、座席安排、法袍引进、法槌设立等法庭布置一起，塑造出法庭审理浓浓的仪式感。

虽然法袍与法槌的引入曾经面临争议，法庭规则也曾被一些人认为繁琐低效，但是我仍然相信，仪式感的加强是法庭审理过程中必不可少的，也是绝对值得称道的。

在这一点上，英美法庭尤其值得我们借鉴和学习。

在美国的法庭上，律师向法官说的每一句话几乎都离不开这样一个词组："Your Honor"。从字面上看，这个词组的意思是"以您的荣誉"。但它实际上是美国社会长久以来所形成的对法官的固定尊称："尊敬的法官大人"。

在美国，法官的完整官方头衔就是"The Honorable Judge"（尊敬的法官）。在法官的办公室门上或者法官的座位牌上，法官名字的前面通常都会有"Hon."（Honorable 的缩写）作为前缀。

一位美国律师曾这样描述他对"Your Honor"这个称谓的理解："当法官走进法庭，登上法台，我知道，他所说的每一个字和每一句话都来自一个位于法官内心的，被国家赋予权力的，充满荣耀的地方。"

法庭上的法官不再代表着担任法官的个人的意志，而是代表着由国家赋予的崇高审判权力，代表着公平正义。他是拥有神圣光辉的裁决者，是值得每个人尊敬的法官大人，也只有"Your Honor"这样的称谓才能与之相称。

在英国，由于高等法院以上的法官拥有"勋爵"的贵族头衔，他们甚至被尊称为"My Lord"，而同样的词组也被用于称呼国王和上帝。

事实上，法官与神职人员的确也有很大的相似之处：上帝的旨意通过神职人员得以阐明，法律则借助于法官而降临尘世。

"徒法不足以自行"，它需要在具体的案件中被理解，被阐释。在法治的规则下，这样的权力被授予了法官：虽然每个人都可以对法律有自己的理解，但被法律认可，真正拥有法律效力的，唯有法官。正如德国法学家拉德布鲁赫所言，"法官是法律由精神王国进入现实王国，控制社会生活关系的大门"，法庭则是这一切发生的场所。

因此，在法律帝国里，在法庭上，无论如何形容法官所拥有的这种"Honor"都不为过。除了称呼法官为"Your Honor"或者"My Lord"，在英美悠久的法律史中所形成的种种法庭规则和法庭礼仪，也都处处体现和烘托着法官的荣耀。

比如说法袍，法官的法袍源自于牧师的神袍，象征着思想的成熟和独立的判断力，并表示直接对良心和上帝负责；比如说法槌，槌座相击时的清脆响声凸显着法官的威严所在，以及法官对庭审的绝对控制权力；又比如说假发，在英国，法官至今头戴假发，白色的假发象征着法官的阅历和智慧，同时也将法官身份与日常生活中的法官个人区隔开来，塑造一种半神半人的法官形象。

虽然中国没有西方宗教文化的背景，法官应该受到的尊崇却是丝毫不减的。

只要在法治的规则下，只要法官被国家赋予了司法裁决的权力，法官就应该是"法律帝国的王侯"，是"尊敬的法官大人"。

法官与神职人员的相似不意味着法官只有在西方宗教文化的背景下才应该获得尊重。相反地，它意味着，在所有法治的国家里，法律都应该被信仰，法官的身份都和神职人员一样神圣庄严。

而在法庭审理这样一个法官考察事实，阐释法律，用判决影响现实生活，让法律真正发挥力量的场合，和婚礼、葬礼等人生和社会的重大事件一样，庄严的仪式感都不可或缺。

我们总需要仪式来凝聚和宣泄情感，用各种各样的象征符号来强化参与者的内心确认。在庭审中，我们更需要用仪式强化每个参与者对法律、对法官的崇敬感和认同感，在潜移默化中提醒他们应该以怎样的认真和谦卑来对待庭审和法官的判决结果。

这样的仪式感并不意味着法官可以专断。相反地，仪式越是给予法官这一身份崇高的地位，就对拥有这一身份的法官个人意味着越高的要求。

在法庭上，法官的丝毫的不严谨、不严肃、不规范都会让他人对法官乃至司法产生不信赖感。如果法官不按规定着装、不按时开庭、庭审中随意接听电话、随意打断当事人或代理律师发言、态度粗暴、语言粗俗，无疑是对自己法官职业的不敬。

法庭的仪式感警醒着法官，法官的每一个动作、每一个决定都代表着来自法律的荣光，影响着每一个人的重大切身利益，甚至会改写人们的生活轨迹，丝毫不可马虎，绝对不可辜负。

正如美国法理学家德沃金那句著名的话："法院是法律帝国的首都，法官是法律帝国的王侯。"我梦想着，在那法治理想国度，每个公民信仰法律，遵从法院和法官的权威，而法官也有真正的"王侯"之风，让人发自内心地叫一声，"尊敬的法官大人"。

## 法学院毕业典礼致辞：
## 到处都是我们的人 *

*
原文发布于 2015 年 7
月 3 日，是蒋勇律师
在 2015 年中国政法大
学法学院研究生毕业
典礼上的演讲。

各位师弟师妹们，大家好！

非常荣幸今天能够站在这里，参加你们的毕业典礼，见证这个你们从法律学子走向法律职业者的重大时刻。

这是学业有成的时刻，也是离别的时刻。从你们的眼神里，我看得出那种依依不舍。

人们不总说嘛，人生中最铁的情谊有四种，一起扛过枪，一起同过窗，一起下过乡，和另外一种。同窗三年，你们从陌生人变成了一家人，相互扶持，共同成长，这将成为你们一生的回忆。

在这场典礼结束之后，把这身硕士服脱下来，你们中的绝大多数人都将穿上职业装，奔赴工作岗位。你们中的大多数人会成为法官，成为检察官，成为律师，成为公司法务，成为公务员。无论何种职业，你们都恨不得把自己所有的祝福送给对方。

作为一个离开法学院已经21年的"老人"，我为看到这样惺惺相惜、相亲相爱的场景而感到高兴。但也不得不提醒你们，要珍惜这样的时光。不仅因为你们即将分开，难得再聚，更因为你们即将要加入的法律职业群体，它们之间并不像今天这样一团和气。

有一些同学会成为法官。可能一进法院就会有老法官过来对你说：律师很坏，蓄意炒作，为赚取眼球故意抹黑法官，甚至煽动舆论，影响法院公正裁决。

有一些同学会成为律师。同行之间聊天，有些人会愤愤不平地抱怨：法官不公正，在庭上玩手机、打瞌睡，粗暴打断律师陈述，恶语相向；在庭下讲关系、讲人情但不讲法律，枉法裁判，判决不公。

这样的割裂并不仅仅停留在言语上。从重庆的李庄案，到广西北海案、贵州小河案，律师中有一些人成了"死磕派"。法官打律师、法警把律师扔出法院；律师在法院门口绝食、律师拉横幅向法院抗议、公诉人当庭抓走律师……种种真真假假的乱象在媒体上传播开来，成为人们心目中更为生动的"法治现实"。

你们能想象这样的场景就发生在从同一个法学院走出来的同学之间，甚至师生之间吗？这并不是不可能的，我举一个真实的例子，有些同学可能在知乎上已经看过。

2009 年底，重庆的法院开庭审理亿万富豪黎强涉黑案，给他辩护的是西南政法大学刑法学教授赵长青，老爷子可以说是这个领域的泰斗，十分牛气。

对面的公诉人发言，说根据我国《刑法》某一条之规定，应该如何。老爷子打断他说："你别说了，这个法条不是你说的那个意思。你们到底记不记得我课上跟你们怎么说的？这个法条是我起草的，我来跟你们说说这个法条是什么意思……"

这属于比较温和的对抗。许多更为极端的对抗和死磕，也都发生在校友、院友甚至同班师生之间。如果你们把这些事讲给身边不是学法律的亲人朋友听,他们可能会觉得好笑。没有几个人会仔细分辨这究竟是律师的错还是法官的错,他们只会说"你们这帮搞法律的人又闹起来了",或者跟你开玩笑说"贵圈真乱"。

为什么从同一个法学院走出来、接受同样教育的法律人,在从事不同的法律职业后会产生隔阂,甚至互相打压,彼此埋怨,兵戈相见?说好的有共同知识、共同语言、共同思维、共同气质、共同理想的法律职业共同体呢?

有人可能会说,不同法律职业群体之间,本身就是针锋相对、相互制衡的,所谓的法律职业共同体本身就是个伪命题。

事实并非如此。制衡的结构之所以必要,是因为我们的法律体系本身复杂而模糊。很多时候,法律的适用并非一目了然,只有在优质的争辩中,法律的真义才会愈辩愈明。但法庭上的对抗并不代表两个群体之间的恶性对立。相反,优质的法庭对抗恰恰依托于一个有共同法律素养、互相协作、互相尊重的法律职业共同体的建立。

这里可以举一个大洋彼岸的例子。我们常常羡慕他们的法院获得的尊荣,而在彼国,律师在法庭上和法官对话,句句不离"法官大人";法官想在法庭上批评律师,他不会大声喝止律师,而是把双方的律师叫到自己跟前,小声提醒律师要注意的问题。

美国最高法院上个星期刚刚裁定的同性婚姻合法案,以及去年年底十分热闹的弗格森案,都曾让他们的司法机关面临巨大的舆论压力,但即便民意汹涌,在判决最终下来之前,法官和律师们都把自己的意思限制在法庭上理性表达,而没有到公共舆论上去互相指责。

**一个健康的法律职业群体关系，应该是建立在这样一种彼此默契和信任基础之上的，如此才能让公众保持对法庭、对法律的信任。**

我不知道大家还记不记得去年的 12 月 10 日。对你们来说，这一天可能平淡无奇，但中国的大多数法官和律师都会记得这一天。这天下午，上海高院副院长邹碧华突发心脏病，经抢救无效逝世。他是一位法官，但在他去世之后，最先在朋友圈刷屏纪念他的，有很多都是律师。

之所以获得这样的尊敬，是因为他真正尊重律师，并且致力于通过制度的改进把这种尊敬落到实处。他率先在上海长宁法院推行《法官尊重律师的十条意见》，并且一步步推动上海法院律师服务平台上线，免去律师为了立案来回奔波的辛苦。

他甚至设想出了一幅"未来法院"的蓝图。随着法院信息化水平和公开程度的提高，法院将不仅仅是法官的地盘领地，而是由包含法官、律师、检察官在内的所有法律人共同运作和管理的法律服务平台。

互联网技术的发展，让这样的"共治法院"越来越成为可能，其最大的意义在于降低了各个法律职业群体之间的沟通门槛。"无边界""透明""开放"的互联网精神，将深度影响这个人群，消弭群体之间原本无处不在的鸿沟和偏见。在这方面我自己就深有体会。这一周，北京高院法官、吉林高院副院长带队的访问团先后访问了天同律师事务所。对互联网将给法律行业带来的改变，他们充满了兴趣，而这也让他们得以放弃群体之见，坦然地来和律师这个群体交流，这释放出的是增加两个群体之间互信的强烈信号。

所以我们可以想象这样一幅图景：今天在座的各位都是同窗同

门，从这个地方出发，奔赴的是中国法治这驾巨型机器上的不同岗位，扮演流水线上的不同角色，但共同的目的是推动这驾机器不断前进，正义不断实现。这正是我们来到这个法学院最初的梦想，也是我们将要去向的未来。

如果这样一个彼此信任、互相尊重的法律职业共同体得以实现，即便从这个法学院走出去的人四散天涯，我们也可以说：

**看，到处都是我们的人。**

# 向最高院大法官
# 说说心里话：如何解开这个结？*

原文发布于 2015 年 7
月 10 日，是蒋勇律师
在最高人民法院举办
的"推动建立法律职
业人新型关系"座谈
会上的发言。

今天在这里发言，我特别激动，因为我"回娘家"
了。15 年前我从最高人民法院离职，之后做了律师；
15 年后再次回到这里，与各位法官和律师探讨我们之
间关系的话题，我特别想借这个难得的机会，说说我
的一些心里话。

几天前，我在中国政法大学的毕业典礼上做了个
即兴演讲，题目就叫《到处都是我们的人》。这篇演讲
后来被整理成文字发表出来，竟然在朋友圈刷屏了。
我想，这并不是因为演讲本身有多精彩，而是因为它
说出了法律人对我们这些人之间关系的不满意。

今天，我想以一个曾经在法院工作、现在是律师
的身份，谈谈我们这几年在这方面做的一些尝试，希
望能作为一个小小的案例，供大家参考、分析。

三年前，我们开始尝试做"天同开放日"活动，
每个月在固定时间开放律所办公场地，也开放律所发
展经验。让我们没有想到的是，这个活动竟然陆续吸
引来法官报名。

最开始，有一些法官会担心参加律所主办的活动

是否合适，在报名之后反复犹豫，甚至最终撤销报名。但慢慢地，随着行业交流的深入，前来参加开放日的法官越来越多。

今年年初，有一位高级法院的法官来参加我们的开放日，他站起来对话，从法官的角度探讨律师在法庭上应该怎么做。现场的律师们一片轰动，掌声热烈。刚好我们的新媒体录制了全程，准备做一档视频节目，我就问他，这个视频能播吗？他欣然应允。

后来这个视频发布了，一天之内的点击量就超过了几万次。视频下的律师评论全都是在为这位法官"点赞"，尽管他的发言其实委婉批评了律师在法庭上一些不够专业的表现。

最近，我们启动了一个法律职业人群培训项目，叫无讼学院，不仅邀请到了法官来给律师讲课，甚至还有法院向我们发出邀请，请律师去给法官讲课。这在过去是难以想象的。

刚刚过去的这两周，由吉林高院副院长亲自带队的调研组和北京高院的调研组陆续到访天同，就我们在诉讼技术和互联网上的一些实践展开交流。这一系列基于行业发展而展开的互动交流，相关媒体都做了报道，但没有出现任何一句负面评论，全都是在为法官的行动叫好、点赞。

以上种种都让我们相信，律师与法官并非天然对立，也绝对不是要么死磕要么勾兑的非此即彼。我们接受相同的法学教育，拥有相同的知识背景，理所当然地会渴望交流，渴望共同话语，渴望彼此信任。

但是如果两个群体总以相互防备的姿态相处，像两只刺猬一样各自竖着自己的刺，我们也很难拥抱在一起。这正是律师与法官两个群体"死磕"的症结所在。

在我个人看来，要打开这个"结"，可以尝试通过这样四把"钥匙"：

### 第一把钥匙，是"互相开放"。

我们在"开放日"上的尝试已经证明，这样的开放能够吸引不同职业人群进行高质量的理性交流。律所可以这么做，法院也同样可以不定期开放场地，或者走到律师中去做更多交流。在这里，我也隔空向周强院长和各位大法官发出邀请，欢迎参加我们的"开放日"，与律师同行们做一次面对面的交流。

几天前，我看到一位湖南法官写的文章，特别感动。他讲，七年前他到基层法院挂职时，曾经接待过一位死磕派律师的代表。他把这位律师引到他的办公室，和他聊了两个小时。聊完之后，这位律师说："我理解你了，我认可你的做法。"后来的开庭也就非常顺利。虽然这只是个案，但给了我很好的启示：只要能够互相打开心胸，律师和法官是可以接受和理解对方的。

法院系统目前正在做的"人才开放"（从律师中遴选法官）和"信息开放"（裁判文书网上公开），也都得到了律师们的一致好评，我相信这样的举措继续深入做下去，一定会对两个人群之间关系的调和大有裨益。

### 第二把钥匙，是"自我约束"。

我想大家都很熟悉这样一个生活场景：邻里两个小孩打架，双方的家长一定要首先批评自己的孩子，否则家长的参与不仅不会化解矛盾，反而会激发新的冲突。因此，当律师和法官之间出现矛盾，法院是不是应该加强对法官的约束？当然，律协也应当相应地做出更严厉的要求。

### 第三把钥匙，是"释放善意"。

法院是国家公权力的代表，律师是"在野法曹"，在两者的关系中，法院一定是强势的。为了解开彼此的防备心理，法院理应首先释放出对律师的善意。

比如，很多地方法院已经取消了对律师的安检，给律师以和检察官一样的待遇，受到很多好评，那么最高人民法院是否可以下发一个通知，要求全国法院都取消对律师的安检呢？今天大家在发言里都提到了邹碧华法官，那么，类似于邹碧华法官主导制定的长宁区法院《法官尊重律师的十条意见》，是不是有可能由最高人民法院颁布？

当然，善意的释放是相互的，全国律协应该在法院做出善意表态后迅速回应，积极倡导律师遵守法庭秩序、尊重司法权威。

### 第四把钥匙，是"回应关切"。

在"互信"尚未建立的时候，一个具体的事件或案件，就可能引发两个群体之间的误解和猜疑。法院是不是可以在第一时间作出回应，而不是让它自然发酵？

以《刑法修正案（九）》第三十五、三十六条为例，律师界普遍认为，这两条严重限制了律师在法庭上的言论权利，并且存在被滥用的可能。虽然立法是全国人大的事情，但舆论的矛头在一定程度上已转移到了法院身上，法院有必要对此作一个正面回应。只有及时、坦诚地站出来，理性的对话才有可能发生。

邹碧华法官在世时，我们曾商量，共同推动以"律师眼中的法官"和"法官眼中的律师"为题的全国巡讲，促进法官与律师的互信。这个议题当时已准备报给全国律协，并联合最高人民法院的《人民法院报》一起来办，但因为他的英年早逝，这件事情没有完成。

我真心希望，可以有更多人和我们一起，把这件事做下去。

# "我想回法院，但是我不敢" *

*
原文发布于 2015 年 8 月 7 日，是蒋勇律师参加中央政法委、司法部、最高人民法院、最高人民检察院等组织的"关于从优秀律师和法学专家中公开选拔立法工作者、法官、检察官"的研讨会议的发言。

各位领导，各位律师同行，大家好！

非常荣幸参加今天的会议，参与到从优秀律师中选拔法官这样一个重要决策的讨论中来。在所有参会的律师中，我可能是唯一一位曾经在法院工作过的。我不一定能讲出更多理论，但我想结合自己的心路历程，谈谈面对这个政策，普通律师会有怎样的感受。

因为我想，制定任何政策时，决策者最应当知道的就是政策实施对象将作何反应。有了这些反馈后，才可以不断调整方案，接近理想的目标。

我辞职离开曾经供职的最高人民法院已经有十几年了。无论是原来的老同事，还是现在的同行，最近都问我："蒋律师，你看现在从律师中遴选法官这么热闹，你愿意回法院不？"每每这个时候，我的内心总涌动着非常多的情绪。

"我愿意！"我一定会这样回答。因为做法官真的是法律人的终极职业理想。

我们学法律，不就是为了定分止争，维护社会公平正义吗？只有在法官这个职业上，这个理想才体现得最为充分。姜法官那篇流传甚广的《欢迎我们即将的新战友——商建刚法官》中有一句话："我愿意成为你，是律师对法官最大的尊重。"我觉得对律师来说，这个情结真的是很重的。

然而，回答完那句"我愿意"，我可能马上又会加一句："但是我不敢"。究竟是什么会让我如此纠结呢？让我"不敢"的原因是什么呢？这也正是我今天想和大家细细分享的。找出"不敢"的原因，才能真正发现从律师中遴选法官这个司法改革举措为什么会"叫好不叫座"，才能有针对性地发现问题并想办法在政策制定过程中去解决。

**第一个"不敢"，是对"法院能否独立行使审判权、法官是否真正具有崇高的职业荣誉感"尚存顾虑。**

众所周知，这是司法改革的重中之重，但恐怕不是我们今天这个会所能讨论的课题。

刚刚说了，法律人最终的职业理想就是做法官。可如果这个法官不是我理想中的法官，那我就会觉得，它不是我的理想，想去做法官的前提就不存在了。

做律师时，我们还能够凭借自己的专业能力赢得一定的"江湖地位"，获得客户和同行的尊重；我们当然不希望，做法官时还需要苦苦争取副庭长、庭长这样的行政级别，甚至因此陷入与同僚无谓的竞争。

令人期待的是，从最高人民法院正在两个巡回法庭推行的主审法官制改革中，我们似乎看到了一丝曙光。如果两个巡回法庭真的如相关领导多次对媒体所表明的那样，主审法官负责，任何人不干预法官审判，那么一定会点燃律师去做这样的巡回法庭法官的希望。

因此，在遴选政策实施的初期，我们是不是可以把律师选拔到这样的巡回法庭或者已经进行主审法官负责制改革的十几个试点法院中去，让他们去担任法官职业荣誉感更强的较具独立性的主审法官呢？

### 第二个"不敢"，是不确定我的能力是否和法官职位匹配。

虽然我曾经在法院工作多年，离开后的这十几年里，我也常常自觉或不自觉地将法官思维带入到做律师的过程中，但这两者毕竟不同。

律师写的是代理词、辩护词，法官写的是判决书、裁定书，律师的思维习惯和能力体系与法官职位并不匹配。这让我担心，如果离开律师队伍去做法官，我会不会适应不了法院。

我这样一个曾经做过法官的律师都会有这样的担心，对于那些从未在法院工作过的律师，可能更是如此。

所以我在想，是不是可以建立一个法官储备库，让律师们先在这个储备库里接受一些职业转换的培训？这种培训并不需要很长，短则一个月，长则三个月，甚至和试用期相结合配套，但它能让大多数律师愿意去尝试，看看自身能力能否与法官职位相适应。

### 第三个"不敢"，是如果去了法院，法官同事的关系很难处。

首先，我如果一进法院就获得了很高的职级，法官同事会不会心理不平衡？在姜法官那篇文章中，他说：我比商建刚先生小一岁，但我们是同一年从事法律实务工作，而且都是知识产权业务。我进了法院，他做了律师。我在法院到今年是二级法官，他做律师成了高级合伙人。他已经千万收入了，可是这时他到法院来，是三级高级法官。

二级法官和三级高级法官之间的差距是整整三级啊！

虽然我们无从评价这位姜法官和商建刚律师的业务能力究竟谁高谁低，但是他们同一年毕业，都是年轻有才华，又非常敬业，我相信他们之间即使有差距，也不会有三级那么大。这也难怪姜法官的那篇文章引起法官们的刷屏了。

在这个时候，我们如果去了法院，不是自讨没趣吗？人家都看着你说：哎哟，你挣了那么多钱，而且还要当我领导呢？

我私下里认为，商建刚进法院其实并不是一个很好的范例。我们能不能在这个方面建立起合理的机制，让律师进入法院成为一种常态，而不是突击式地搞出一个"特殊典型"来？要知道，作为这样的典型，他自己会有多么压力山大！

更合理的做法应该是，在晋升机制上，给律师一个同等条件下对等的法官级别，由此做起，与其他法官一样，逐步晋升。

其次，如果我被遴选为法官，法官们会不会觉得我占了他们的员额？

在现有的员额制下，当律师进入法院，原来的法官就会觉得，我好不容易混了这么多年，刚好要从助审员转为员额制法官了，你来了，把我的指标占了。这自然会引发重重矛盾。

所以我在想，是不是可以由最高人民法院、最高人民检察院出台一个规定，在员额制之内为律师遴选为法官的人数留出一定占比，比如10%、20%之类，甚至完全在员额制之外开口子（就是从律师遴选的法官不占原有的员额)？这样就能从制度上化解遴选律师做法官与法官内部遴选在法官员额数量方面的冲突。

**第四个"不敢"，是目前律师进法院还没能做到可进可出。**

我会担心，如果我去了法院又发现自己适应不了，选择离开，别人会不会说：你当时去法院就是为了谋一个名声，现在出来是对法院的背叛？

这恰恰也是商建刚将要面临的问题。现在，他回应媒体说，他去法院是想干一辈子的。但是真的，因为商建刚也是我们的好朋友，我们也会问他，你现在才 39 岁而已，你敢说一辈子在法院都不提辞职的想法吗？一旦辞职，会不会有人说这个改革有问题呢？这一定也会给他带来很大的心理压力。

因此，在考虑遴选律师的同时，还需要考虑到律师可能的离开，让可进可退成为每个人的共识。

**第五个"不敢"，是在这个年龄，还有好多律师行业可做的事情我还没做。**

我的律师事务所，和我们在"互联网＋法律"方面的尝试，都正在做着，并且小有成果。我自然希望把这些事再干一干，干到一定年龄后，再去做法官。

事实上，你看国外那些大法官，很多都是 60 岁以后才开始做的，然后任职终身。我也希望我到 60 岁以后，还能到法院坐堂问案。而且，我那时的处世之道和人生感悟也会和今天不一样。人生就是这样子的，年龄与思想成熟度往往是成正比的。

法官这个职业，恰恰是需要年龄带来的境界和阅历的。我们为什么要限定 45 岁以下的律师才能被选拔为法官，并且限定法官 60 岁退休呢？这样的规定为律师进入法院设置了障碍，其实也造成了社会资源的浪费。

当然，除了上述五个原因，律师们可能还会有一些零零星星的顾虑。

比如说户籍的问题，如果进入法院的律师没有北京户口，他的子女上学，包括买房买车这些问题是不是可以得到组织部门的综合考虑？比如说公务员考试的问题，如果是律师去做法官，是不是可以免去笔试环节，解除律师做法官的后顾之忧？

正因为以上种种顾虑的存在，让两个职业之间产生了一种特别奇妙的二律背反现象：口头上，据北京的一次调研结果显示，大多数法官会说，我不愿意去做律师；大多数律师表示，我愿意去做法官。现实中却相反，大家也可以看到，法官辞职"如潮水"，从律师中遴选法官却"门可罗雀"。

究其原因，我觉得可以归结为一句话，就是司法人才的内外平衡问题没有做好。

无论是体制内的法官、检察官，还是体制外的律师，在培养机制、晋升机制、薪酬待遇、社会地位等方面都不均衡。只要不均衡，就会出现这种在理想上，我们很多律师愿意去做法官，但面对现实生活压力，很多法官又想去做律师的奇怪现象。

作为普通律师，我们渴望这个问题在有生之年尽快得到解决。我们也期待着，随着这次司法改革的推进，能够真正看到改革带给所有律师和所有法律人的新气象。

若干年后，如果法官真的成为最受尊重的职业，那么今天讨论的这个遴选律师做法官的文件，也许会是一个里程碑。

到那个时候，我真的愿意：回到法院，做一名真正的法官。

# 一场未赴的约会，
# 一些终将实现的约定 | 碧华周年祭 *

原文发布于 2015 年
12 月 10 日，是邹碧
华法官去世一周年的
日子。

明天是个特殊的日子。

忙乱了一天回到家，这会儿终于可以坐在书桌前，安静地把这一年来一直想和你说的话写出来。

我又把去年的工作日程本找出来翻了一遍。我的日程本满满当当，但去年的 12 月 10 日，上面只记着一行小字:『和邹碧华法官见面』。

本来说好，你借到北京开会之机，来和北京律协商量将上海法院律师诉讼服务平台开通给北京律师的事情，我如约帮你和北京律协的领导约好了见面商量的时间。之前一天我们通电话，你说因为临时要开司改会议，来京时间不得不推迟了。

但是，恰恰就在原定见面那一天，碧华院长，你却永远地离开了，最终没能来赴我们这个约会。

转眼，整整一年就过去了。这一年里，你这次未赴的约会，在我的心里，一直是一个结。

还记得我们第一次见面，那是在 2013 年 3 月上海律协组织的律师培训会上，你围绕"要件审判九步法"，做了一次长达三个小时的演讲。虽然此前经由

《要件审判九步法》一书，我已经感受过了你的学识与睿智，但那次演讲让我真正见识到了逻辑清晰、风趣幽默、人格魅力十足的你。

坐在台下，我入神地听着你的演讲，更让我激动的是，你的那次演讲和我当天上午发言时讲到的律师民商事案件办案技巧和流程管理的内容格外呼应，甚至连许多用词都相同。我讲课时引用"与其诅咒黑暗，不如燃亮灯火"，你的演讲最后说"永不抱怨，活着就是为了改变世界"。而在那之前，我从来没有想到过，法官与律师之间竟然也可以如此"同频共振"。

演讲结束后，我迫不及待地找到了你，和你交流我的想法，只觉无比投缘，相见恨晚。从那时起，我成了你的"铁杆粉丝"！

而在这之后，我才越来越多地知道，你关于改善律师执业环境的努力。且不说你在上海长宁法院当院长时推行的著名的《法官尊重律师的十条意见》，在各种场合与律师的交往中，你也永远正直坦然、谦恭有礼。

律师同行们都说，只要是律协活动的邀请，只要邹法官有时间，他都会去，从来不摆架子、不拒绝。

所以，在2013年5月，当我们想以全国律协民委的名义，联合人民法院报搞一次全国巡讲，推动法官和律师的对谈与互信，缓解那一时期法官和律师情绪的高度对立，首先想到的就是你。我给你打电话，你欣然应允，这是我们的第二次交集。

去年11月22日，我又去上海参加全国律协民委的活动，想请你为我们即将上线的无讼阅读APP录制一段激励法律人的话。你开车接我到一家简单的茶餐厅，没有包间，我们在大厅里坐下。

就在这个放着嘈杂音乐的餐厅里，你和我聊起法院的信息化。你说你正在做利用大数据辅助法官办案的决策系统，推进科学的绩效管理，律师诉讼服务平台也马上就要推出。你希望通过这个平台打通法院与律师的沟通渠道，方便律师诉讼，最终让全体律师都能参与到法院的管理中来。

我想我无论如何都不会忘记那个夜晚，不会忘记坐在我对面神采飞扬地谈起这个话题的你。

你说："我经常做梦都在想怎么搞法院系统的信息化，如何提高用户体验，怎么把用户打开页面的时间节省一秒，怎么把案卷信息结构化，有时候半夜想到一些点，我就会赶紧爬起来记到手机上。"

你甚至拿出手机，把你在手机上记录的东西给我看。我则一本正经地"戏称"：你是法院系统最好的"产品经理"，小心周强院长看上你，把你调到最高院去！

第二天我们都在全国律协民委的活动上做了演讲，你像一个产品经理一样，向在场的400多个听众规划了一个"网上法院"的图景，掌声雷动。而我的演讲，则是回应了法院信息化图景下，律师该如何面对机遇与挑战。我看到你谦逊地坐在台下，拿着笔频频记录。再次"同频共振"的感觉真好！

会后我们定下了12月10日的北京之约，而你却失约了……仅仅时隔两个星期，当噩耗传来，怎么能让人相信，你永远地去了另一个地方。

无论是那个以"律师眼中的法官"和"法官眼中的律师"为题的全国巡讲，还是将上海法院律师诉讼服务平台的服务范围推广到北京律师界的事情，都因为你的离去而突然搁置。

寒夜已深，时间已过12月10日零点，今天是你的周年忌日。我找出去年的今天我流着泪记下的我们的交集记忆片段，把当时未发出的这段文字贴到前面。

此时的我，除了怅然思念，只想静静地和你说说你走后这一年所发生的种种。

你走的当天下午，无讼阅读的我的小伙伴们含泪剪出了第一段纪念视频，他们都记得，十多天前你欣然为无讼代言，并毫不避讳地表态："只要是对法律人有益的事，我都支持！"

你走后，律师们自发地悼念你，诉说对你的感激和钦佩；法官们也自发地悼念你，赞扬你让法官更受尊重。

那些悼念你的文章在法律人的微博、微信朋友圈里刷屏，而这个时候，所有人才恍然意识到，原来律师是那么需要像你这样的好法官，原来法官与律师可以不再对抗，真正紧密地联系起来。"法律职业共同体"，这个概念从来没有如此这般清晰，触手可及。

这样的悼念甚至升级到国家层面，连国家最高领导人都做出批示，说你是"公正为民的好法官、敢于担当的好干部"，并且尤其提倡你在司法改革中"敢啃硬骨头，甘当'燃灯者'"的精神，号召大家向你学习。

你好像以另一种方式活了下来。所以当这些与你生前相关的消息一个个传来时，我每一次都会想起你：

今年1月5日，你一手搭建的上海法院律师服务平台正式开通了，供千余家上海律师事务所使用，并且将逐步向全国律师开放；

今年7月1日至2日，在全国高级法院院长座谈会上，周强院长强调要大力推进信息化建设转型升级，加快建成人民法院信息化3.0版，把中国法院建设成为"网络法院""阳光法院""智能法院"；

今年8月20日，最高法、最高检、公安部、司法部联合召开全国律师工作会议，重视律师合理意见、保障律师执业权利、积极构建司法人员和律师的新型关系等主张被孟建柱书记明确提出；

今年9月，最高法、最高检、公安部、国家安全部、司法部联合出台了《关于依法保障律师执业权利的规定》，提出了便利律师参与诉讼的措施，完善了律师执业权利保障的救济机制和责任追究机制；

……

变化并不仅仅停留在纸面上，这一年，律师们的执业环境也的的确确在变好。

你一直关心的司法改革，上海法院已经按照预定方案稳步推进，目前已经确认1879名审判员、424名助理审判员入额，你也终于可以放心了吧?

当然，也还有好些情况如你当年遇到的一样仍旧困难重重：

关于司法公开仍然存在着不小的争论。一些人觉得，只要司法的最终结果裁判文书公开就好了，没有必要做到全流程公开，这让我们在司法公开方面有止步甚至倒退的隐忧。

司法改革进入攻坚阶段，一些人看不到前景，中途就打退堂鼓了，"法官离职潮"闹出了不大不小的动静；同时，司法改革也仍然主要是法检两家内部的改革，律师行业的改革举措配套不够。如果司法改革只是停留在法检两家的对手戏上，缺乏律师制度改革的配合，那就只能是"跛脚鸭"！

这一年，懈怠的时候，怀疑的时候，我总爱翻出你的微信朋友圈，看看你的头像，看看你去年12月9日最后发出的那条状态："希望让律师的执业环境越来越好"。

很多事，用语言无法估量它一时一地的价值。我们很难去算清你到底做成了多少件事，改善了多少律师执业环境，推进了多少司法改革，完成了多少法院信息化建设，你如同一棵枝干已枯却根深千米的大树，已然成为土壤的一部分——新生在这里出现，希望在这里发生。

　　行文至此，夜更深了，但我似乎看到了东方泛起的鱼肚白。此时，对于那场你未赴的约会，我终于开始释怀。因为我知道，那些我们共同许下的约定，因为你留下的希望，终将实现！

你的铁粉兼好友：蒋勇

2015 年 12 月 10 日凌晨三点

于北京顺义家中

## 转换赛道，不改初心：
## 与离职法官谈职业选择 *

*
原文发布于 2016 年 9
月 2 日，是蒋勇律师
和几位来访天同的离
职法官的谈话。

欢迎大家来到天同，很感谢大家对我的信任，这么千里迢迢地来找我聊创办律所的事情。我也很欢迎大家再次成为我的同行，对你们将要创办的律所充满期待。但是，老实说，看到你们这些优秀的法官集体离职，我真的也有很多感慨。

我一直相信，在整个法律职业共同体里，法官应该是最精英的人群之一。法官要起到很好的规则引导作用，才能让每一个当事人从案件中感受到公平正义。但是现在，精英法官的出走，使得本来就案多人少的法院里，剩下的法官办案压力更大了。

我知道，许多离职法官的心里其实多多少少也会有些愧疚。就好像是，大家明明是一帮一起打拼了十几二十年的兄弟，你突然撂下挑子，说："哥们儿你们扛着，我先走了。"留下的人不舒服，走的人其实心里也并不是那么痛快。

确实，对很多离职法官来说，离开真的是情非得已的事情。

第一，我收入太低了，不能体面地过日子。算一算，我想买个房子买不起，我孩子要读书我供不上，我上有老、下有小的，你让我怎么办？

第二，我没有感受到做法官的职业尊严，没能让我觉得我宁可耐住清贫也要坚持做法官。很多时候，人是有气节和精神追求的，收入少一些也无所谓，但前提是一定要让我觉得有职业尊严感。这方面，我不展开说了，相信大家都心知肚明。

放在二三十年前，法官的收入和社会平均收入还没有那么大的差距，法官的工作还算得上是"金饭碗"。但是后来，市场经济改革了，社会整体向前发展了，司法改革迟迟没有得到推进。这就导致社会中个体的经济主体都非常活跃，能够在市场中独当一面，找到自己的社会地位，比如同是法律人的律师。而对法官社会地位提升的改革，却迟迟没有到来。

我记得，十多年前的司法改革就提出要把法官队伍从公务员体系中剥离出来，建立独立的法官序列，给法官职业以特殊保障，于是有了法官穿法袍，法庭配法槌等举措。但更深层次的改革一直没有得到进一步落实。虽然现在我们欣喜地看到，新一轮司法改革重启了停滞的进程，但这却已经晚了十余年了。要是这"失去的十年"，司法改革得以稳步有序推进，法官的收入和社会地位同步提升，那么今天，法官的心理落差感不会那么强，对司法改革也会抱有更多耐心。

所以，我认为，一段时期以来出现的我们国家法官队伍精英人才流失的局面，其实是全社会在为之前十多年司法改革的严重滞后埋单。

这样的局面，相信并不是任何一个离职法官愿意看到的。但是，对每一个离职法官个体来说，却又真的无奈而无助。马云说，人之所以要离开你，不外乎两个原因，要么是钱给少了，要么是人憋屈了。对离职法官来说，虽然离开的原因林林总总，但我猜想这两方面也会是吧。

**但是，也正因如此，离职法官们，一定不要把离开法院这件事情，仅仅理解为改善生活的努力。**

如果把目标仅仅放在改善生活上，你会发现，这个目标很快就能达到了。从法院离职出来做律师，只要你不是追求那种特别奢侈的生活，早则一两年，晚则三五年，你一定可以解决改善生活的问题，甚至挣到相当可观的收入。但是接下来呢？你还有十几年甚至几十年可以工作，可是却没有方向感，不知道该干啥了。

更重要的是，你很容易为了挣钱而失去自己之前的一些原则。尤其是在离职做律师的早期阶段，你会觉得，我都还吃不饱呢，这事儿我不做，那事儿我也不做，那哪儿行啊？你或许就会将就一下，甚至打着"我是从法院出来的，我认识法官"的旗号去揽活儿。

但是，这样做却可能会给你带来两个大的风险。

第一，你认识的法官老同事还会听你的吗？毕竟你已经不是他的审判长或者庭长了，对吧？他会想，你在外面做律师挣着钱，却要我违反原则，怎么可能？他甚至会觉得，原来你在法院的时候，教我们要这样这样看案子，今天你离开法院了，站在你那方当事人的立场了，就跟我说，要那样那样看案子，那你对案子到底有谱没谱？

第二，选择其实就意味着放弃。当你那样做的时候，你其实就没有办法把精力集中在你真正想做的事情上了。将就的事情做多了，你甚至就不会做那些不将就的事情了，而这样的发展一定是不可持续的。

所以我们常常会发现，很多法官在刚离职的时候很有影响力，但过了一两年、两三年，就渐渐地没有声音了。他们确实挣到了钱，但却变得迷茫了。有些人会开始觉得，以前在法院工作的时候，我再穷，心里也还是有理想的，我知道我能干什么。离开法院解决了收入问题之后，我反倒不知道该怎么往下走了。

这该怎么办呢？我理解，你们应该以平常心对待离职，把离开法院视作法律职业道路的一次转换。

人生本来就有很多道路，在特定的人生阶段转换一个赛道，其实是再正常不过的事情，所谓"树挪死，人挪活"嘛！而对任何人来说，在变更职业道路的时候，都一定会选择与自身已有能力相匹配的方向：你总不能让我一个学法律的，转行去做包工头吧？

所以，对法官来说，如果转换职业道路，无论是律师、公司法务还是法学老师，其实都是最自然的新的职业选择。它们都是跟法律相关的，不管怎么转换，你都还是在法律职业共同体的范围之内。

**这样的职业转换并不意味着人生目标的改变，更不意味着做法官时坚持的那些原则在新的职业道路上就变得没有意义了。**

比如说，你在做法官的时候不喜欢在办案时受到各种人情干扰，那么，你在做律师的时候，也一定要记得，不要让自己成为自己以前不喜欢的那类人。更不要做违心的事，让自己以前的老同事背黑锅。

只要做到这一点，你就会发现，你丝毫没有失去做法官应有的那种正气。虽然离开了法官的岗位，你仍然没有辜负曾经在法院工作、学习和成长的那段时光。

**你甚至会发现，在新的职业赛道上，你仍然可以用你的技能与信仰创造一份伟大的事业，从另一个方向去接近自己的法治理想。**

因为，律师仍然是法律职业共同体的重要组成部分，律师的工作构成了整个司法过程中的重要环节。虽然做律师不像做法官那样，拥有在个案中明理析法，用裁判去实现公平正义的权力，却也可以通过自己的努力，帮助法官更好地判断案件，帮助当事人更好地理解法律和运用法律维护合法权益。

更重要的是，律师职业能提供相对更多的自由空间。在自由竞争的法律服务市场里，没有人会为你的发展空间设限。尤其是，你在法院受过的很多年的专业训练，会让你在执业技能和专业能力上优势突出。只要你足够努力，就一定能充分发挥你的所有才能，创造更多的可能性。

你可以为自己的法治理想不断设置新的目标。这一辈子，你都会因为投身在这项事业当中而有很强的使命感。每天早晨醒来的时候，你都会因为这样的使命召唤而拥有特别饱满的热情。

你们这几位志同道合的伙伴创建律师事务所，只要有共同的愿景、使命、价值观的指引，你们会很容易就哪些事情该做、哪些事情不该做达成共识。你们会为了实现这个并不轻松但十分有意义的目标变得更加团结，去共同打造一家令人尊敬的与众不同的律师事务所。

你们甚至会发现，冥冥之中，整个国家、整个社会是有一股神奇的力量的，它推动着整个人类文明向进步的方向前进，其中就包括法治。无论任何时候，只要你是顺着文明的方向在努力，只要你是在为法治理想努力，这样的力量自然就会来帮助你，各方面的资源也都会向你靠拢。即使你会遇到很多困难，一年两年内还看不到成果，但五年十年一定能看得到。

这听起来或许有些不可思议，但却是我从法院离职之后，创立天同和无讼的真实感想。当我们试着为这个行业做一些事情，主动开放自己的诉讼经验和技巧，传播诉讼正能量，我们真的聚集起了越来越多愿意相信我们的人，在他们的支持和帮助下，把这件事情做得越来越好。

"海阔凭鱼跃，天高任鸟飞。"以前你们在法院是精英法官，现在在律师这个新的赛道里，仍然可以恣意驰骋。

甚至，未来的某一天，你们可以再次转换赛道，重新回到法官的岗位上去。

我知道，对法律人来说，心里一定是有法官情结的。我们学法律，不就是为了定分止争，维护社会公平正义吗？只有在法官这个职业上，这个理想才体现得最为充分。

我们也可以看到，当前这一轮司法改革正在往积极的方向推进。虽然在短期内还是会遇到很多困难，但我想，只要司法改革能够真正以法官为中心，由那滞后的十余年造成的落差、不满与迷茫也会被渐渐消除，法官这个职业也会拥有本属于它的尊严与荣耀，成为所有法律人的向往。

我曾经在文章（《"我想回法院，但是我不敢"》[1]）里写道，若干年后，如果法官真的成为最受尊重的职业，我真的愿意回到法院，再续法官梦。相信你们也一样。

但我也深深地知道，这不意味着我们可以坐等着法院提供这样的未来，也不意味着只要离开了法院，我们就不再对这样的未来肩负责任。在律师的职业道路上，我们照样参与着重塑法庭的光荣与梦想的事业。只有我们与法官，这些曾经的战友们，与所有法律职业共同体的成员们共同努力，这样的未来才会加速到来。

**所以，做法官也好，做律师也罢，只要初心不改，终将殊途同归。**

---

1  发布于 2015 年 8 月 7 日，同样收录于本章。

# 蒋讲·会客厅<sup>*</sup>

*
"蒋讲·会客厅"是"每周蒋讲"
升级推出的视频访谈栏目，每
期邀请一位律界大咖做客，与
蒋勇律师深度对谈。

# 对话田文昌：中国律师的传承与远行*

原视频发布于 2015 年
1 月 30 日。

　　一位是业界公认的中国刑辩第一人，一位则专注于民商事诉讼十余年。二十多年前，老师田文昌带着学生蒋勇，打了几起堪称全国首例的著名案件。二十多年后，师徒聚首四合院。流金年代的师生往事、青年律师的责任与担当、法庭交锋与诉讼技巧、技术与死磕的流派之争……

　　本期"蒋讲·会客厅"，蒋勇对话田文昌，纵论中国律师的传承与远行。

　　1993 年，作为中国政法大学教授的田文昌在北京市第六律师事务所兼职。当时蒋勇就读于中国政法大学本科三年级，跟随田文昌实习做律师助理的工作。

　　**田文昌：**北京律师界我一手带出来两个小孩儿，一个他，一个佟丽华。

　　**蒋勇：**佟丽华比我小一届，当时我们俩同时跟您一起实习。到现在我还特别骄傲，我说我是名门正派出身。(笑) 您那个时候对我和佟丽华是什么印象？当时您觉得我们是可塑之才吗？

**田文昌：** 这个问题我真是……你看我带你们俩带得最多，本身就说明你们可带。你们当时很小，但是你们很执着，也很认真，比较懂事。有些孩子就是活蹦乱跳的，但是想得少。在这个年龄层次当中，你们还是比较深沉的。你们认真，我带你们也认真，这也是相互的。

**蒋勇：** 我记得我那个时候小到什么程度。我一是很瘦，然后这还不算。我印象中第一次打车是您让我出去办事，在这之前我从来没有打过车。那个时候北京是那种黄色面的，您给我打车费让我去送一个文件。出了门我就想，这车怎么打？没打过。在政法大学校门口站了半天，最后看别人是怎么打车的，原来是招手拦车。后来我招手拦车的动作是学的您的。您习惯用这个动作，不知道您现在还是不是这样。我到现在招手打车还是这个动作，可见老师对学生的影响有多大。

**田文昌：** 中国这么多律师，素质上、能力上千差万别，有一个很重要的问题，就是没有很好的系统的培训。这不怨律师本身，确实是没有人培养。我亲手培养出来的人很少。这就涉及律师培训的整体过程。

《刑事诉讼法》修改的时候，司法部连着办了几期高级刑辩律师培训班，每期都要我讲课。讲课的时候我就跟段部长说，现在有一个问题，我们培训全都是停留在知识培训上，都是法律知识的再教育，这个需要，但是更需要的是技能培训。怎么做律师？没有这样的技能培训。后来段部长就说，那你就讲吧。我说谁给我培训？问题就在这儿。我们中国律师没有人培训过，都是摸着石头过河。所以有的人摸对了，有的人摸错了。有的人做了很大的努力，花了很多的精力，但是路走偏了，不知道怎么走。

后来这些年，一个是我自己学习，再一个是美国、加拿大、欧洲，我亲自在那儿参加了一些培训，也跟他们合作到国内来做培训，慢慢地对律师的技能有了一定程度的了解。但是这种培训都不可能是大规模的，不是讲课式的点对点的培训，所以培训的范围很小。

有些律师有幸能得到正规的训练，他成长就比较快，有一些人就是没有这个机会。蒋勇也好，佟丽华也好，都是佼佼者，比你们强的人可能还有很多，但他们没有机会。我也是一样。任何时候任何一个成功者，他的周围可能很多人都比他强，但是他没有机会。

**蒋勇：** 您去年写过一篇文章，叫《给青年律师的一封信》。我恰好也是不约而同地在您的那篇文章的前后，在我的"每周蒋讲"栏目，写了一篇文章，还录了一段视频，叫《和青年法律人谈谈心》[1]，都是这么一个话题。当时很多人都看了您的那篇文章，尤其是青年律师看的特别多。所以我想借这个机会，请您对我和全国的青年法律人再讲几句，看看我们未来在成长道路上要注意一些什么？怎么做？

**田文昌：** 青年人本身面对的问题很多，面临的任务很重，青年法律人又与众不同。因为在中国，法律人就是年轻的一群人，法律就是一个新生事物，律师更是新生事物，青年法律人、青年律师就是新上加新，所以他们面临的问题特别多，而且人们也不理解。实际上我想说，更多的问题是在哪儿？就是青年法律人对自己的定位和责任问题。

首先是法律人定位。怎么定位？法律人是什么？是做什么的？

---

1　发布于 2014 年 9 月 26 日，收录于本书"寄语青年律师"一章。

过去不是一直在讨论律师究竟是一个什么东西？这表面上是贬义词，但是实际上是一个现实的问题。在中国，这么多年人们就没拿律师当回事，律师在人们的眼中什么都不是。所以首先要搞清楚律师到底是什么？

最开始的时候，我记得是2004年，王志的《面对面》采访我的时候，我当时脱口而出就讲，律师的责任是最大限度地依法维护当事人的合法权益。接着他就问我一句，当职业道德和社会道德发生冲突的时候，还是这样吗？我说必须如此，否则他就不是律师。这句话播出以后，反响非常强烈。很多人批判我，说律师应该是以维护法律为第一的，应该维护公正的，不能把委托人的权利放在第一位。这就是基本定位上的误解和错误。后来《律师法》修改的时候，把维护当事人合法权益放在第一位了，这是很难得的一个进步。

我曾经一再地强调，律师既不是天使也不是魔鬼，既不代表正义也不代表邪恶。很多人的思想深处都有一种正义感爆发出来。你这个职业决定了，你遇到这些事的时候，你会不由自主地产生这么一个概念。这一点很重要。所以你的职业决定了你离不开这些问题，如果你没有社会责任感，你怎么能做得好？

有一个故事我印象特别深。我前些年看了一个美国电影，演的是一个退休的海难救生员的故事。他是很有名的功劳卓著的一个救生员。这个人刚刚退休，他的徒弟接任的时候，就遇到了一次大的海难。他不放心他的徒弟，就跟着带着他的徒弟去了，结果他牺牲了。在牺牲之前，师徒两个有对话。他徒弟问他：你这么出名，这么厉害，你记不记得你这一生救了多少人？他说：我从来没有记得我救了多少人，我只记得我没救成多少人。

我听了以后特别感动。一个律师说我办成功了多少案子，救了多少人命，我说这些话你听了不觉得惭愧吗？我说现在应当想一想我有多少个案子没有办成功，我没有对得起我的职业，反过来想。人家很淡淡的一句回答就把这种责任感体现出来了。

从 1985 年做兼职律师开始，田文昌在刑事辩护领域执业已三十年。虽然从法学教授转型而来，但是通过大量的成功案例，田文昌早已摆脱刻板学院派的标签。他所撰写的法庭辩论技巧因深入浅出而在互联网上被传阅多年，他与陈瑞华教授的对谈录《刑事辩护的中国经验》，一出版即获大卖。

**田文昌：**我 1982 年给张学兵他们第一次讲课。我们当时刑法教研室五个硕士生，他们三个月备完了，我备了一年课。怎么备？当时四开的大稿纸，我用了这么厚一摞。为什么呢？写了撕，撕了写。那一本教材内容没多少，就是逻辑关系，颠来倒去看怎么样摆顺序能说明白，学生能记得住。来来回回这么搞，颠倒这几个关系。

那一年把我累惨了，但是我收获特别大，我知道怎么样把握逻辑关系，这是第一。第二，我们写东西，包括现在很多律师，画龙不点睛。写了很多内容，但是每一个部分和最后结尾的时候不能首尾相接，呼应一下，人家看起来就费劲。你画龙点睛，点一下，几笔带过，人家就看懂了。

所以我说你在法庭上发言也好，写辩护代理词也好，一个最基本的标准，要让既不懂法也不知情的人能听明白看明白，这是你的本事，而不是你讲多少犯罪构成，讲多少大道理。

搞音乐的知道，一个好的曲子，上口，爱听，主旋律不变。再唱下去变了，你就记不住。我印象最深的是《白毛女》。《白毛女》歌剧两个小时，你怎么听就是"北风吹"那个主调。《梁山伯与祝英台》26分钟，都是这一个调，万变不离其宗。有的歌你听完记不住，肯定是不成功的。成功的还有王洛宾的《在那遥远的地方》，多简单，就那么几句，谁都爱唱，怎么唱都不腻。

所以一个好的文学作品、好的辩护词、代理词跟一首好的歌曲是一个道理。主旋律突出不变，逻辑清晰，你就成功了。

**蒋勇：** 其实这里田老师还有一个故事。大家都知道田文昌是大律师，是政法大学的刑法教授，但是很少有人知道其实田老师还精通音律，拉小提琴、弹钢琴都会。

**田文昌：** 我一生最大的作弄就是入错行了。

**蒋勇：** 在整个大环境正在逐渐向好的情况下，即便目前还有很多不尽如人意的地方，但是我记得您曾经说过，律师在法庭上还是能有他的价值的。原来听您讲过的特别感动的一件事情就是，在法庭上辩护过后，连公诉人都会专门走过来跟您握手表达敬意，然后还会跟您说：田老师您知道吗？我听过您的课。所以我们也想听您聊一聊法庭技术究竟能够产生什么样的作用。在您整个执业过程当中，有过一些什么样的这方面的体会？

**田文昌：** 虽然环境不好，但是有限的作用还是可以得到一定程度的发挥，这是一个需要承认的问题。法庭上该怎么做又有一些基本的东西，比如说律师在法庭上的作用怎么发挥。十多年前我就在检察系统讲课，法院、律师系统我都讲了。我提倡法庭辩论和对抗要有平和、主动、充分的风格。

平和就是要说理、讲道理，是讨论的态度，不是要剑拔弩张的简单的对抗。主动，是针对法院说的。为什么？我们有的时候特别不自然。本来控辩双方互相来对话的。国外的法庭很简单，法官坐着，你们俩说，只要打不起来我就不参与，适当地我调解一下或者引导一下，它有一个对话的气氛。我们做不到。有的时候法官干预太多，是总得经过法官，举个证请法庭准许，回答问题请法庭准许。好像很有秩序，实际上是多此一举，把法庭的气氛改变了。法官主持法庭，用眼神和面部表情完全可以控制了。控辩双方要有充分表达、主动地对话的机会。

接下来就是充分。你不能轻易打断控辩双方的发言，让他充分表达他的意思。我经历过一些法庭主持特别好的庭审，非常和谐，表达非常充分，也很主动，法庭气氛也非常好，真正起到说道理的作用。能在这种平和、主动、充分的气氛下讲道理，是一个特别重要的问题。

还有一个是我刚才讲的，你要用什么样的表达方式。你说给法官听的，也说给所有人听。律师的目的是什么？要让法官接受你的观点，让人听明白。有一次我遇到一个情况特别有意思。很多被告人，很多律师，结果法庭上律师、公诉人、法官，满庭的都是犯罪构成要件。整个法庭就我一个人没讲理论，他们都在讲理论。

再一个就是不能哗众取宠。我们很多人口若悬河，但是满口白话，甚至出了错误，这就不对了。

所以简单说，律师在法庭上，你得想法儿用你的表达来说服人家，让别人都能够听懂你的意思，能够接受你的意见，这样才行。

再就是我们法庭现在最大的问题，不会交叉询问。怨谁？不怨我们。证人都不出庭问谁去？

**蒋勇：** 没有交叉询问的机会。

**田文昌：** 对。最近不是有一个南京陈瑞华搞的项目，也是美国和中国两个模拟法庭交叉询问。前几年搞一个香港和内地的，这又搞一个美国和中国的。殊途同归，一个道理。人家那个交叉询问，刨根问底问了将近 2 个小时，我们都找不出话来。

**蒋勇：** 我们看到过英美的律政剧，最精彩的环节一定是交叉询问。

**田文昌：** 对。问到什么程度？有句俗话说，会说的不如会听的。问完了，听的人都明白怎么回事了，达到目的了。我们根本就不会问，20 分钟就没词了。人家问完了，简单几句总结陈词，其实不说大家也听明白了。我们问完了，拿着写好的稿子振振有词念我的意见。我们是论，人家是问，这是最大的问题。

**蒋勇：** 其实在法庭上，我们的律师还是有很多技巧可言的。交叉询问这个问题，您觉得到底是因为我们诉讼体制上的问题，还是法官组织法庭的技巧问题，还是我们律师在这方面的技能缺陷的问题？

**田文昌：** 主要是体制问题。你没有这个机会，没有这个条件，律师也没办法进行训练。所以我说我们提前要训练，否则将来一旦走到这一步，我们就不会玩了，给你多少时间你都不知道问什么。

**蒋勇：** 对。其实田老师，在这一点上，作为学生我还跟您是不谋而合。我一直有一个观点。我说律师对于自身技能的提升一定不能放松。因为我们自己想一想，说不定哪一天我们的法庭突然就像英美法庭一样了，我们能够站起来发言吗？我们能够走到法官面前，走到证人面前去做交叉询问，去跟法官交流吗？我们自己可以想一想，我们的技能到不到这一步。

**田文昌：** 最可悲的一点，如果不做这个训练，真走到那一天，可能绝大部分都要被淘汰了。一个新生力量起来，可能要取代这一代人。这不是一个简单的问题。我们现在检察官、公诉人比律师问得多。他问谁？他就问被告，就在修理被告。他一次问一大堆话，问完他自己都忘了，没事就自问自答、自说自话，或者强加于人，给他扣帽子。就这种霸道的问话，根本就不叫交叉询问，而是训斥。所以我们将来要是有有心者，一定要有这个训练。

**蒋勇：**在我的心目当中，我一直认为，法庭的最高技巧是刑事法庭的交叉询问。这也是法律人的执业素质训练最重要的部分。

**田文昌：**没错。总结陈词没有多少话。我们滔滔不绝地念辩护词念一两个小时，人家哪有？人家都消化在交叉询问里面。

**蒋勇：**顺着您刚才谈到法庭的技巧和技术，我想问您，现在我们行业内很多人会把刑事辩护律师分为两种，一种叫技术派，一种叫死磕派。您认为您是技术派还是死磕派？

**田文昌：**我其实说过这个话，我一直不赞同这么划分。在中国这种特殊的环境下，不同的律师采用不同的方式，各有各的利和弊，不能一言以蔽之说你就是这个派、那个派。如果"死磕"，最开始我比谁磕得都厉害。磕还是要看怎么个"磕"法。如果是技术派，你怎么样来发挥你的技术？其实我一直觉得律师不要自相残杀、自相贬低，说他是死磕的，他是技术的，他不好。其实各有各的作用。

我从来不评价说这些律师或者某个律师有什么个人野心、个人需求，有什么表演欲。个人可能都有，可能都没有。作为律师群体来讲，整体评价，哪一种方式都有它积极的一面。所以说律师应该好好整合起来，在吸收好的积极的因素之外，再剔除消极的因素，这样做就比较好了。在刑委会提到的时候，我说我从来不去评价或者贬低哪一个，抬高哪一个，那样做是内部分裂的做法。我一直这样强调。

蒋勇：其实我觉得死磕是一种精神，但是死磕不是手段，不是为磕而磕。

田文昌：可以这么说。你总得有一定的方法和策略才会更好一些。

# 对话田文昌：
## 律师自我价值实现的困境与路径 *

原视频发布于 2015 年
2 月 6 日。

从业 30 年，田文昌一次次地站在了舆论的风口浪尖，赢得了赞誉，也背负了质疑，屹立不变的是对法治理想的坚守。青年时代的求学艰辛、舆论审判的责任在何、无罪推定的施行尴尬、律师权利如何保障、辩审之间的理解鸿沟……

本期"蒋讲·会客厅"，蒋勇对话田文昌，致敬刑辩律师的法治梦想。

经历了"文化大革命"时期的动荡岁月，1980 年高中毕业的田文昌进入西北政法学院攻读刑法学硕士学位。由于西北政法学院刚复校，教学、科研都处在摸索之中。作为西北政法学院的首届硕士研究生，田文昌经历了最艰苦的岁月。

**田文昌：** 我第一次上报纸什么时候？ 1980 年我考研。我不是没上大学吗？ 我们家乡的《抚顺日报》就说我是自学成才的典型。还有就是跨度太大。本来我的音乐在我们老家是比较有名的，没有人不知道。我居然考上了法律的研究生，报纸就开始给我"发挥"了，说我认为"文化大革命"期间整个社会像一台发了疯的钢琴，我弹不下去了，寻求法律去了，从一种非常浪漫冲动的性格走向严谨刻板的专业。

后来我思考这个问题，真是任何事情都是有内在联系的，看你怎么看它。表面上好像是非常格格不入的，但是有艺术气质的人，有激情，有闯劲，不甘心墨守成规。所以我觉得我得益于这种艺术的气质。我总是想入非非，总是不满现状，总是充满梦想。

**蒋勇：**这一点其实我也挺像，尤其是爱想入非非这一点，我们的同事都认为我经常想入非非。(笑)

**田文昌：**得有想法。今年年会我就想给我们所里讲一个话题，就讲梦想与担当。没有梦想你就没有目标。要有梦想。年轻人更不用说，我还有梦想。首先得益于我的两个导师。周老师、解老师这两位老师都非常好，都是中国人民大学毕业的。他们觉得刚恢复高考，陕西的环境比较保守，作为导师，他们不仅对我那么认真，而且他们两个轮流给我修书，我拿着他们的信到处拜学。

**蒋勇：**他们给您写亲笔的信。

**田文昌：**都写的信，两个人轮流给我写。北京、上海、重庆、武汉、长春，当时就这几个主要的院校，一个没落，全都拜遍了。我晚上坐硬板火车，白天去拜师，没有公事的时候，有时候一天只吃一顿饭。但是首先，这是我的努力，是我应该的。我的两个导师都有那么宽广的胸怀，让我去拜别人。然后我拜到的人，高铭暄、王作富、马克昌等等，所有这些人，都对我特别精心地教诲。不是一次两次，一个人拜访了好多次。

马克昌教授，那个时候还没有空调，我在武汉大学他的家里。老头儿给我弄开两瓶汽水，也没有冰箱，热乎乎的，一谈就是几个小时。我印象最深的是什么？我的论文引了一句马克思的语录，他有点怀疑，居然亲自查到了马列主义编译局，后来打电话告诉我，说这个引错了，告诉我下次千万不要转引，要找到出处。

**蒋勇：** 其实这就是老学者严谨的治学精神。

**田文昌：** 我很感动，想不到他们能这样。我最后写论文的时候没有参考书。我那《刑法目的论》，到现在也是没有人写的，我第一个写。我到高铭暄教授家里，他腰椎间盘突出犯病了，躺在床上不能动。我谈了几个小时，不好意思，要走，他不让我走。最后他躺在床上，指着书架上的两本俄文原著，很厚的书。我就借了他那两本书，全书复印以后做了我唯一的参考书。

2003 年 8 月，田文昌为沈阳黑社会头目刘涌辩护，舆论的压力扑面而来。有人认为他是帮助不法资本家、贪官污吏和黑社会老大脱罪的专业户，有人骂他中国第一腐败帮凶。田文昌顶住了压力，坚守在刑事辩护第一线。他对于舆论审判的态度却出乎意料地冷静和客观。

**蒋勇：** 当时刘涌那个案件，不知道您还愿不愿意再提这个？

**田文昌：** 现在可以说了，十年都没讲这个，已经是十年以后了。

**蒋勇：** 这个案件，对于法治社会如何来看待刑事辩护律师的作用，是一个重要的事件。我印象中，您为这个承受了很大的社会压力？

**田文昌：** 那个问题，最大的原因就是信息不对称，所谓的舆论审判的问题。当时因为信息不对称，真实的信息出不来，一些不真实的信息一下子都传播到媒体去了，媒体和整个舆论都产生了很大的误解。比如说有人把我的辩护词完全地编造出来了。卑鄙到什么程度？说我给刘涌辩护，那个命案，虽然人打死了，但责任不在于刘涌等人，而在于被害人身体状况欠佳。如果他像成龙那么健康，肯定死不了。这种辩护谁不骂？我真这么辩护，你们也不能接受。哪有律师这么辩护的？可能吗？而且全程都有录音录像。居然把这个辩护词编造出来按到我头上登出去，这是很卑鄙的。

有人提出来要控制舆论。但是出乎他们的意料，我讲的观点恰恰不是这样。我到现在也坚持，舆论审判是错的，但舆论审判责任不在舆论本身。舆论监督是最重要的维护公正的手段，你因噎废食说你就不要监督了，那是绝对不可以的。那就看怎么处理好这个关系，这就又涉及民意的问题了。

舆论审判有两个方面的问题。一个方面的问题就是他根本不了解情况，实情只有庭审那些人才知道，别人不清楚。他当然可能产生各种各样的想法，但他实际上没有发言权。还有一种情况，就是很简单的案子，像药家鑫那样的，李昌奎那样的，案情很简单、很清楚，舆论和社会公众都了解，在了解的情况下有一种舆论的认识。无论哪一种（你都不应当跟着舆论走）。后一种了解情况的，他认识，但他不一定懂法，不一定要屈从他。前一种不了解情况，你更不应当被舆论左右。

问题在于什么是民意？我们立法就代表民意，就是人民意志的体现，那你还搞出一个法外的民意，这本身就是骗人的，非常错误。如果说法律不对，你可以修改，如果法律之外再搞一个民意，那你就会产生错误。一个美国的大法官说得非常清楚，他说：我审判这个案子，可能门外有500人在抗议，可是你怎么知道更远的地方会不会有5000人在支持呢？你怎么能代表整体的民意呢？就是这个道理。

**蒋勇：** 前不久发生的弗格森的案子就是一个典型的例子，美国的法院坚持自己评审团的规则。

**田文昌：** 它可能违背了一些民意，但它是按照规则来做的，这就是法律的规则性。规则性不一定完全是公平的，但至少它是严格的，它还是有公正的理由的。不一样的。

**蒋勇：** 我记得那个时候还在跟您实习，您谈到过很多法治的梦想。无罪推定的概念我记得您谈得特别多，就是无罪推定的概念在中国如何才能真正落地。比起当年又过去二十多年了，您觉得在您所热爱的刑辩这个领域，无罪推定这个概念相比起当年您的设想，目前是一个什么状态？

**田文昌：** 又说到点子上了。我刚刚写了一篇文章。到今天为止我们还没走出刑事诉讼理念上的几个重大的误区，第一个就是无罪推定。你想想，非常可笑可悲的问题。无罪推定的观点，在我读研的80年代初期是作为资产阶级反动理论被批判的，不能提的。到现在为止，《刑事诉讼法》基本接受了无罪推定的原则，但是还没能在法条上堂堂正正地写上无罪推定原则。这是很可悲的一件事。

为什么？最大的问题，我们既不搞无罪推定，也不搞有罪推定，我们要搞的就是实事求是。所以我到处抨击这个说法。实事求是是放之四海而皆准的真理，谁都不能否定。但是你用这个假大空的一句话来否定无罪推定的结果是什么？无罪推定、有罪推定是一种方法论，实事求是是这个方法论支撑的，你通过哪一种途径来达到实事求是？现在你把方法论抽掉了，空洞地讲实事求是，用实事求是来否定无罪推定，结果是什么？主观随意性，最后谁嘴大谁就是。

实践当中没有中间道路可走，要么无罪推定，要么有罪推定，不可能既不这么推也不那么推的。以实事求是否定无罪推定导致的实际结是有罪推定。所以这么多年来，有罪推定还是在人们的观念里占主导位置。

再接下来，更诱人的一句话，现在还在讲：我们既不冤枉一个好人，也不放走一个坏人，不枉不纵。多动听啊！那么现实当中，在疑罪时，到底是疑罪从无还是疑罪从有？到底宁可错放不可错判，还是宁可错判不可错放？摆在这儿怎么办？没有中间道路好走。所以不枉不纵又是一个美妙的、理想的、动听的口号，实际是冲突的。我们不正视这个冲突，喊着空口号，不枉不纵，最后还是谁的话语权大，谁就说了算。

**蒋勇：**说实在的，律师们也都感叹，说我们的执业环境并不理想。您做全国律协刑事专业委员会主任这么多年，而且您自己这二十多年，从刑法学教授转身做刑辩的大律师，那您从二十多年的历程来看，您怎么评价这些年来刑辩律师的发展？您怎么看待刑辩律师在法庭当中真正的作用？

**田文昌：**律师自身，打铁先要自身硬，自身也需要提升，需要严格要求，这是律师自身要做的。但更重要的是环境。我一直这样认为，律师自己救不了自己，因为你生活在这个大环境当中。生存下来的、坚持下来的会有，但是数量不会太多，而且也可能产生不同程度的扭曲。所以从根本上讲，我一直在呼吁大环境一定要改善。

**蒋勇：**我们也注意到前不久，就是在去年年底，最高人民检察院发了一个关于保障律师权利的若干意见的文件。您怎么看待在这个方面正在发生的变化？

**田文昌：**现在中国最缺少的一件需要做的事情就是落实。最高人民检察院这个我初看了一下，感觉很好，无法落实。不能切实可行地起到保障律师权利的作用，只是一个口号。

蒋勇：里面提到了会见权、知情权这样一些权利，您觉得它对于解决刑辩律师的三难问题（有没有帮助）？

田文昌：没有意义的说教。所以在《刑事诉讼法》修改的时候我就一再强调，《刑事诉讼法》有很多进步，但是只是说教、宣誓，没有救济条款，没有保障措施。现在最缺的是保障措施、救济条款。包括最高人民检察院的规定，如果它出现障碍怎么办？得有处置的办法，否则光是说教是没有任何意义的。说你不该随地吐痰，我就吐了你怎么办？吐了得处理对不对？你不能杀人，杀人我给你判刑，可以判死刑。可是对于律师的保障，都没有保障性条款，这个就是最大的问题。

田文昌：从整体的职业群体来讲，我们不能过多地苛求。任何时候，你可以对你自己要求很高，但是你不能对每个人都要求那么高，包括律师和法官的关系。最高人民法院开了几次会我参加过，我都很坦诚地跟那几个院长讲：控辩冲突正常，辩审冲突显然不正常，到了一种社会病态的程度，绝不能再发展下去。究其原因在哪儿？法官是法庭的主宰，律师，只要一个正常人，正常的思维，他都知道律师的诉求只有通过法官才能实现。哪几个脑子进水的律师会主动去找法官闹事？他找法官去闹事总是有一定原因的。

蒋勇：我倒是更愿意相信，在这个过程当中，辩和审之间存在一个重要的互相理解上的鸿沟。作为法官，他可能有很多考核指标，有很多来自于地方、来自于上级的压力，他希望能够快速地把这件事情了了。但是作为律师来说，我希望能够以最好的方式来维护我当事人的合法权益。这个过程当中恰恰就像您说的，一方握有权力，另一方要维护自己当事人的合法权益。这个过程当中存在一种鸿沟，其实我更希望未来能够通过互相的理解和信任去解决。

田文昌：最主要的原因不在这儿，而是法官的中立性，其他都是次要原因。很多问题发生冲突是法官偏离了中立性，律师不得已才这样。如果法官确实保持中立了，一般不会太激烈。

蒋勇：在履行法官职责的问题上，在对待律师的问题上，真正能够做得好的法官，律师是会记得的，而且会感激的。

田文昌：你说谁我知道了。

蒋勇：邹碧华院长就是一个例子。

田文昌：对法官这么多意见，这一个邹碧华只要有一点温暖，这么多律师都怀念他，都赞赏他，这就说明律师的心态了。

蒋勇：我记得，邹院长去世这个消息出来之后，其实最先在朋友圈里刷屏悼念的都是律师，是各地的律师，自发的。

田文昌：他不是对法官仇视，他对一个好的法官是非常非常赞赏的。这就说明，律师究竟需要什么样的法官，需要和法官建立什么样的关系，(认识到这一点)是很重要的。

蒋勇：这样一位让各方都尊重的法律人的突然去世，应该引起我们大家的思考。

# appendix 2
# 问问·蒋讲 <sup>*</sup>

*
2016 年 4 月，"每周蒋讲"开通
"问问·蒋讲"子栏目，读者有
任何问题想问蒋勇律师，都可
以在文章下方评论，或者关注
"天同诉讼圈"后在对话框中
留言，蒋勇律师会在下一期的
"蒋讲"栏目中以 Q&A 方式回
复。截至 2016 年 7 月，共推出
11 期、62 个问答。

**问：** 蒋大～我想当一个成功的诉讼律师，所以在学校参加辩论社团，但我发现社团的学长有的当诉讼律师很成功，有的不太好，还挣扎在温饱线上。印象里两个人都很能说，为什么差距这么大呢？诉讼律师好口才的定义是什么？

**答：** 口才好不好不按字数算，切中要害、逻辑清晰才是关键。

**问：** 蒋律师，我经常关注您的微信朋友圈，发现您真的好忙啊！就想问您，您会不会觉得特别累？

**答：** 做自己喜欢的事情，累并快乐着。

**问：** 天同招聘律师时，最看重的品质是什么？

**答：** 诉讼发烧友。

**问：** 对年轻律师的成长，您有什么建议？

**答：** 成大事者不纠结。我最近正在写一篇这方面的文章，就是关于青年律师成长的，回头我发出来给大家。

**问：** 蒋律，听说您最近开了【食悟】饭局，您为什么从法律圈跨界去卖饭了啊？

**答：** 最近有很多人问过我这个问题，我只想给大家讲个故事：从前有三哥们，一个卖草鞋，一个卖猪肉，还有一个卖绿豆，要不是卖草鞋的儿子不争气，人家差点得了天下，好吗！讲这个故事只是想说明，卖什么不重要，重要的是谁来卖。如果下次我再开个【食悟】串吧，撸不撸？

问：你的微信好友那么多，我猜，都是你的助理在替你打理？

答：交朋友这事儿就像谈恋爱，哪能由别人替代？和所有的微信好友互动交流，都是我本人亲力亲为，如假包换！

问：我给你发的微信，过了三天才回，这也太慢了吧？

答：我每天发微信的时间主要集中在三个时间段：早晨起来蹲马桶的时候、晚上临睡前躺在床上神志尚清醒的时候、上下班路上堵车的时候。其他时间忙着各种事情，实在无暇打理微信。所以，有急事找我千万别发微信，比如，"蒋律师，我现在天安门附近，想去天同看看"之类的，等到我看到时，或许你早已离开天安门十万八千里了！

问：蒋律师，你去全国各地讲课，最大的收获是什么？

答：吃遍中华大地特色小吃，集齐了和 56 个民族美女律师合影的照片。羡慕嫉妒恨不？

问：蒋律师，在我眼中，您已经是功成名就的律师了，为什么还要做互联网创业？

答：延参法师说过："绳命，是入刺的井猜。"我说："绳命之所以井猜，原因就在于折腾！"

**问：**蒋律师，你最后悔的一件事儿是什么？

**答：**四十岁之前不犹豫，四十岁之后不后悔。在我这个年纪，还没什么时间是用来后悔的呢。

什么？我究竟多大年纪？哈哈，看头发像60后，观长相像70后，摸皮肤像80后，论心态像90后……你猜我到底多大，连我这已届不惑之年的人也疑惑了。

**问：**青年节天同给青年律师放假吗？

**答：**你知道他们在我眼里都是宝宝！那么过儿童节放假行不？

**问：**蒋大，都说律师是年轻的时候用命换钱，年老的时候用钱换命的职业，你年轻的时候是什么激励你一直这么努力的工作？

**答：**当你觉得有比钱和命都更重要的东西的时候，你会拼了命去做，而不管能不能换来钱。

**问：**蒋律师，看你的朋友圈经常晒在各地跑步的图片，意欲何为？

**答：**在各地讲课的同时，约跑。（别看走眼，是约跑，不是 ～～）想法很简单，我要争做律界"励志哥"！通过在朋友圈分享，倡导各地法律人健康生活每一天。嗨，连我这样老胳膊老腿了，尚能坚持晨跑，你年纪轻轻的，还好意思赖床吗？

**问：**关于人生与成长，我们讨论有两种截然不同的观点：一种说人生只有经历过磨难才能获得成长；而另一种认为顺境人生才能更好成长，过多的苦难会摧毁人的心智。您怎么看？

答：顺境中的成长并不能真正带来心智的成熟，唯苦难才能给人带来思想和心灵的教益。何况，顺境与苦难，只是在不同时期不同人身上的转换。"哪有什么岁月静好，不过是有人替你负重前行。"

问：如何平衡工作与生活？

答：工作与生活平衡？这是不可能完成的任务！

当我们说要寻求平衡的时候，其实是在选择事情的优先排序。为重要的事情付出努力的时候，你自然就会打破平衡的状态，为它付出更多时间。所以你最重要的是，搞清楚什么是你工作中的重中之重，优先去解决它。这之后你才可以从容地处理生活中的大事。总之，该工作的时候就尽全力工作，该玩儿的时候就尽情地去玩！

问：看到天同诉讼圈做得这么风生水起，我前不久也开通了自己的微信公众号，可是为什么做不起来，涨粉速度很慢？

答：你做得太晚了。两年多前天同刚开通公号时，我告诉所有的律师，尤其是主任们，赶快开个微信公号吧，但很少有人听我的。现在，微信快速成长期带来的社交红利期已然过去了。有句话说得好，"在互联网时代，如果你醒来得晚了，那么就没必要醒来了。"

问：蒋大，天同是个有特色的所，我们几个年轻合伙人也想做一些自己设想的事情，可是似乎不太容易坚持。怎么破？

答：任何你的不完美，在你成功的那一刻，都被人称为"特色"。所以啊，坚持做你自己，而不是在前进的道路上被别人指指点点，修改得面目全非。

问: 有人说,对青年律师来说,专业化只是一句口号而已。因为,如果我还吃不饱,哪会有力气谈专业化?

答: 如果吃不饱的时候不走专业化,吃饱了之后,就更没可能了。"选择就意味着放弃。"相信你会因为放弃而获得更多的选择机会,从而走上专业化之路。

问: 谢谢蒋律的鸡汤,作为一个刚入行的小助理,经常加班到凌晨,很多时候感觉很累、憋屈,今天所里放半天假,下午一个人在办公室上班到 5 点多,觉得压抑,于是坐着公交漫无目的地晃悠,在车上看到您这篇文章,没来由地哭了。下车后想想还有这么多前辈比自己更努力,追求理想的路上遇到阻碍是必然的,觉得畅快多了,回来继续愉快地加班!谢谢您!

答: 看到你的留言,我也鼻头发酸了!年轻时的努力,想想当年是苦逼,今天,当你遇见更好的自己,你会谢谢当年苦逼的那个你。

问: 蒋律师,天同诉讼圈和无讼阅读那么多美小编,你最喜欢哪一个?

答: 每一个。

问: 蒋律,如果不是做律师,你会做什么工作呢?

答: 我可能会做一个"程序猿"或者"攻城狮"吧?骨子里从小就有浓重的理工情结,我一直相信科技的力量。

问: 想知道蒋律是如何安排自己的时间的?忙这么多事情会不

会睡眠不足？

答：我曾经在"每周蒋讲"专栏中专门写过一篇文章，分享我在时间管理上的经验，比如在飞机上阅读，带女儿出差等等。你可以翻阅我以前的"每周蒋讲"文章找到这篇来看看。关于睡眠，我有一个令人羡慕不已的"特异功能"，只要有时间可以休息，哪怕只有十分钟，我以各种姿势都可以入睡，哪怕是站在地铁车厢里。

问：我想问问蒋律师，像我们这种三四线城市的年轻律师如何走专业化？

答：今天的一二线城市的行业发展态势，就是明天的三四线城市必然面临的状态。专业化早已经不是一个要不要的问题，而是什么时候开始的问题。在专业化问题上也没有王道，只有选择＋努力！

问：蒋律师，我今年40岁了，政府机关正科级公务员，现在想辞职当律师，您觉得合适吗？是不是年龄有些大了？

答：遵从内心，做你想做的。心已出发，永远不晚！

问：蒋律，如何才能像你一样满头白发还宣称自己和青年人交朋友呢？

答：哈哈，我记得曾经看过一个材料，说人改变不了生理年龄，但心理年龄主要取决于是否能够一直抱有对这个世界的好奇心。所以，如果每天充满好奇地去探索世界，就会永远不老！

问：蒋律师，现在好多律师或者律所在接纳刚毕业的大学生时往往以没有经验为由来压低薪水，对于这个问题您怎么看？

答：这样的律所，不去也罢！

问：蒋律师，看了你上一期的读书笔记，知道你有每天坚持读书的习惯。我也读了不少书，也时时在网上阅读文章，怎么我就没觉得有啥子用呢？

答："听了那么多道理，却依然过不好一生"，很多人对绝大多数知识其实只是满足于粗略看一下，"曾经产生过印象"的层面，并未进一步深入过，自然也就做不到深入了解，更做不到熟练运用。所以，如果遇到一本好书，一篇好文，要反复多读几遍，多想几遍，多做几遍，才能真正有用。

问：从你的朋友圈看到的都是满满的正能量，你每天早上跑步，处理那么多工作，还坚持读书，你是怎么做到的？我为什么对工作就是提不起精神呢？

答：首先，你应当保持充沛的体力，这有赖于健康的生活习惯及锻炼；其次，对事物充满好奇心，富有创造力地面对每一项任务；更重要的是，享受工作带给你的乐趣。

问：你在朋友圈里晒了好些天同食堂早餐的图片，这样真的好吗？

答：记得有句话，"要想留住他的人，首先得留住他的胃"。说的虽然是夫妻关系，但对团队建设或许也有某种程度的参考价值？

问：蒋大，我们几个合伙人上次到天同访问学习，你接待了我们，受益匪浅！回来后我们制定了律所新的战略规划，但是执行中遇到了一些困难，不知道是不是应该回到原来的老路上去，可是我们又不甘心！

**答：** 我有一个老乡，名叫曾国藩。以前我读过他的传记，后人评价他说："其过人之识力，在能坚持定见，不为浮议所动。"其实这就是战略定力。曾国藩说："凡发一谋，举一事，必有浮议摇撼。"就是说，凡是你提出一个谋划，开始一件事情，一定会有各种各样的议论来动摇你的决心。我的另一位老乡，与曾国藩并称"中兴四大名臣"之一的胡林翼说："天下事只在人力作为，到山穷水尽之时，自有路可走，只要做得确实。"如果遇到一点困难，或者听到别人议论，就改变原定战略，那是成不了事的。对于律所管理者，战略定力，是一门必修的心法。

**问：** 我跳槽离开了原来的律所，自己创业。对我的前东家，感情复杂，我该如何处理？

**答：** 或许每一份工作都无法尽如人意，而且每个人的成长路径都不尽一致，跳槽换一家律所或者自行创业，都是极正常的事。而对于律所来说，铁打的营盘流水的兵，人才就是在流动中不断优化的。

给你的唯一的建议就是，任何时候，都要对你的前东家心怀感激，毕竟那里曾经安放过你奋斗的青春，有带你入行的师傅和一帮与你共同打拼过的弟兄。这方面，就有两种截然不同的做法：一种是处处以在前东家的工作经历为荣，这样的人，人们会认为他（她）懂得感恩，愿意与他（她）相处，"得道多助"；另一种是刻意隐去前东家的工作经历，似乎是为了标榜、突出自己某方面的东西，而圈内人其实都熟知过去的历史，越是这样，反倒越会显得自己小家子气，可能会丧失好人缘，"失道寡助"。所以，你应该采哪种做法，自是极明了的了！

**问**：蒋律师，你最爱做什么事？

**答**：我最爱做爱做的事。哈哈，有点拗口，似乎也有点歧义哦！反过来说，如果是不爱做的事，我为什么要去做呢？

**问**：蒋律，下一期的"每周蒋讲"，正好是"5.20"，这个特别的日子，想问你打算怎么过？

**答**：你是谁？美女吗？我们一起过吧！和全国所有喜爱"每周蒋讲"的法律人朋友们，读着这篇文章一起过。恰好到这几天，"每周蒋讲"专栏两周年了！520，我们就定它做"每周蒋讲"的生日吧！520，我爱你们，爱和你们一起度过的两年来的每周一篇文章的这些日子！

**问**：我注意到天同诉讼圈的栏目最近有新的变化，您能谈谈这方面是如何考虑的吗？

**答**：首先感谢超过30万关注天同诉讼圈的朋友们！大家注意到了，4月12日辛正郁主笔／主持的"民商辛说"专栏上线，5月5日王真主笔／主持的"抗诉真言"专栏上线，昨天（5月26日）朱华芳主笔／主持的"法务芳谈"专栏上线，天同诉讼圈相继推出了以合伙人（高级顾问）个人命名并负责的专栏。这些栏目的设置，秉持了天同一贯以来倡导的"开放""分享"精神，把天同律师的知识分享给业界同仁。同时，互联网时代"内容为王"，律师作为专业人士，传播专业内容是最好的塑造自我的方式。天同是一个平台，这个平台应当将每一位合伙人／律师打造成熠熠生辉的律界明星，诚如是，幸甚！

问：如何才能把一件事做好？

答：简单的事情重复做，每天进步一点点。分享我最近跑步的一个体会：进入 5 月以来，我每天晨跑的里程与当天的日期一致，比如说 5 月 15 日，我跑 5.15 千米，5 月 16 日，我跑 5.16 千米，这样坚持每天增加 10 米。看起来每天只是增加 10 米而已啊，但这样坚持下来，几个月以后，就会是一个可观的进步。

问：蒋律，听过你讲课，觉得很过瘾。怎样的分享才能吸引人？

答：我常常想，人家抽出半天时间来听你一堂课，如果你不能切实提供有价值的内容或者有用的信息，无异于谋财害命。所以很简单，你在做分享之前，先想想，你要讲的东西是不是别人已经知道的，如果是，那就不要讲了。

问：蒋律，你在朋友圈多次秀亚瑟士的跑鞋，我猜你是不是收了它的代言费？哈哈！

答：啊呀，谢谢你的提醒！只不过我把你的问题贴出来的话，岂不是又替它代言了一次？

问：蒋律，朋友圈里看到你有一个聪明伶俐的小女儿。你希望自己的女儿以后"女承父业"也做律师吗？

答：女儿的未来岂是父辈能够设计的？不过，如果，只是如果，20年以后，她也会走上法律职业道路的话，我希望她会选择法官这个职业。这是我曾经开始了但又未能完成的职业。只有当法官成为这个社会法律职业人最崇尚的选择的时候，我们的国家才会是一个真正的法治"理想国"。

问：当法院成为您畅想的一个所谓大数据时代的加工工厂时，还要工匠型法官何用？

答：哈哈，您有所误读。大数据是为人所用的，帮助提高效率，提升体验，并不能替代法官啊！相反，法官从琐碎事务中解脱出来，才会有更多精力投入到更重要的价值判断中去，做好工匠型法官。

问：上一期的"问问·蒋讲"您说每天跑步都是与日期相同的距离，除了每日精进的含义外，还有其他原因吗？

答：我喜欢在做事的过程中给自己找乐子，也就是找到好玩儿的点，这样有利于把枯燥的事情坚持做下去。

问：想走出体制做律师。担心的是前期的案源怎么解决！毕竟，走出体制后，先得解决温饱。

答：遵从你的内心。如果还纠结，就不要选择。

问：蒋律，我非常佩服你的"折腾"（你自己在前几期的"问问·蒋讲"里说的词哦，别怪我）。可是这样折腾，你不累吗？

答："生命在于折腾"，折腾其实一点也不累。真正累的是，生活每天一点儿都不变，还能坚持年复一年地过下去。这要换了我，早累死了！

**问：** 上一期的"每周蒋讲"，你说"秀，是青年律师必备的技能"，可是年轻律师在秀的过程中经常遭受年龄大的律师的不屑，这在很大程度上打击了想秀的积极性与主动性，这时候怎么办呢？

**答：** 这是两个时代的冲撞。互联网上人人平等，自我赋权，只要你愿意发声，何惧别人的眼光？

**问：** 您说微信公众号日渐式微，下一代自媒体是垂直社交平台，现在有哪些这类平台，我们怎样发现这类平台？

**答：** 哈哈，法律人最大的垂直社交平台，就是无讼阅读 APP 啊！良心品质，真心推荐，绝非广告！

**问：** 我有一个同事，什么事情都喜欢跟人家"辩论"，和他打交道好累啊！我该怎么办？

**答：** 不在一个频道上的人，尽量少打交道呗！这个世界上有那么多有趣的人、有趣的事，何必在他这里费劲呢？

**问：** 蒋律，我和你一样，每天都很忙。我每天好像做了好多事，但最后又好像什么都没做；我曾以为自己很努力，却只不过是"看上去很努力"而已。我知道自己的毛病是没有自制力。我还有救吗？

**答：** 我们缺乏自制力的最重要的原因就是，在你的内心深处，其实并不在意，或者说不那么渴望要做的事情；而所有称得上努力的事，都是要自己和自己较劲儿的。所以有句话说，没有自制力的人，是没有资格谈努力的。

问: 蒋律，我早晨实在是起不来床，每天赖在床上的时候翻朋友圈，看到你都已经晨跑完锻炼过了，我能像你一样做到吗？

答: 当然能做到。记住一句话："我们决定不了太阳几点升起，但可以决定自己几点起床。"

问: 励志哥，可否告诉我们你为什么这么励志？

答: 鸡汤喝了会上瘾！

问: 蒋律师，现在很多人都是因为律师行业赚钱而涌入的，但说实话，如果只能看到钱，注定做不好。我想问，作为一名律师，还有什么比钱更有价值的东西？

答: 所有用钱买不来的东西，都比钱更有价值。比如亲情，比如时间，比如全社会的公平正义。

问: 有人说，青年律师要想获得案源，就要扩大自己的社交面。于是我去混各种聚会，经常和不同的认识或不认识的一大群朋友喝酒。经常是酒桌上称兄道弟，第二天连名字也想不起来了。这种社交好累！我该继续下去吗？

答: 你这是无效社交啊！社交并不是指认识很多人，而是要有所选择的。对你来说，提高自己的社交质量是很重要的。否则，低质量的社交，还不如安静的独处。

问： 蒋律，从律师中公开选拔法官，你会报名吗？

答： 做法官是一个真正的法治社会里法律职业者的终极理想！而我们国家和我一样，现在还在路上。我曾在"每周蒋讲"的一篇文章《我想回法院，但是我不敢》中，表达了我对此复杂的情感。

问： 蒋律，你经常在朋友圈晒书，我也喜欢看书，比如名人传记类的，但是好像自己是个 U 盘，只存书却没法活用，怎样才能改变这种现状？

答： 其实没有必要为了看书而看书，更好的方法是带着问题去看书。当你在生活和工作中遇到了困惑，或者有了需要解决的问题，可以有针对性地找书看，从中寻找答案。这样，你自然会更好地理解书中的内容，把它活用起来。

问： "每周蒋讲"文章的每个留言下都有回复，是蒋律师您亲自回复还是有人代劳？我猜您没有时间逐个回复吧？

答： 亲，确是本人所为，如假包换！我写的专栏文章，能有朋友们的关注和留言交流，这是我莫大的荣幸啊！就像两人对话，如不回话，多没礼貌呀！我女儿说了：要做有礼貌的人。

问： 蒋律，前段时间我做了一件囧事，遭到了所里好些同事的非议。最近我一直特别郁闷，见到谁都觉得人家是在用异样的眼光看着我。这样下去，我会不会得抑郁症啊？

答： 才做了一件囧事，那算什么？！我年轻的时候，做的囧事多了去了！甩甩头就忘了它。别在乎别人眼中的你，最重要的是，喜欢每个阶段的自己，哪怕是经常办囧事的自己。当你不在乎的时候，你会发现，其实本来就没人在乎！

**问：**蒋老师有关合伙人的那篇文章对创办律师事务所很有指导意义，但对于一个已经成立多年并且已经有品牌但合伙人价值观不一的所就难了，很多大所以创收为合伙人晋升唯一标准，对于已经形成如此局面的大所，不知蒋老师有什么建议？

**答：**大所自然有大所的难处，可是如果合伙人价值观不一，大，又有何意义呢？所以，应当把价值观一致作为比律所规模更高的优先级处理。

**问：**看您的朋友圈，您每到一地，都在当地约跑。啥时候到我这儿来啊？我和小伙伴们与您一起晨跑。

**答：**到各地讲课或出差时，约当地法律人一起晨跑，是我近半年的一个小爱好。它给了我以前没有意料到的很多好处：(1)边跑边体验了每个城市最美的风景；(2)交到了一些铁杆跑友；(3)在跑步这种孤寂枯燥的运动中找到了"小确幸"。

**问：**"每周蒋讲"的文章我看了之后很受益，怎么才能看到以往那些期的"蒋讲"啊？

**答：**关注"天同诉讼圈"微信公号，在对话框中回复"每周蒋讲"，即可收到文章列表，点击文章标题就可以阅读啦。"每周蒋讲"专栏文章第一篇是2014年5月23日发出的，之后的每个星期五都有一篇，遇上春节、国庆等假期除外。目前一共有近百篇，主题基本上集中在律师诉讼业务、律所管理、律师行业发展等方面，欢迎大家查阅往期文章，多多批评指正！我正考虑是否把"蒋讲"文章结集出版，不知道大家会不会喜欢？

问：蒋老师好，作为一名高法从事一线刑事审判工作十几年的法官，如果出来做律师，选择什么样的律所呢？该如何度过两年禁业期呢？

答：当所有人都想离开的时候，你反倒应当坚守。不仅仅为那份理想，哪怕只是遵循一个常理：凡事否极泰来。对吧？

问：蒋老师好，每周看"蒋讲"，受益无穷。请问您对法务出身的律师有什么建议？如何更好开展律师工作？

答：首先当然是要从甲方心态调整为乙方心态；其次，充分发挥你比别的律师更懂法务人员的优势，站在对方的立场上设计业务流程，争取做到更极致的客户体验。去年新加入天同的朱华芳律师就是法务出身，这方面就做得特别好，您可以关注天同诉讼圈里她的专栏"法务芳谈"，相信很多文章都会给您共鸣！

问：我是一名实习律师，在省会城市的一个新成立的大所。我们所里有几十名合伙人，他们对待实习生的态度也有不同，有的至今不给发工资，有的只发四五百元，刚够吃饭钱。保险完全没有的事。有的对实习律师很负责，凡事给予一定的指导，有的只顾做自己的事。都说律师的前几年很难熬，我认为有一部分就难在实习期。我们一直在为当事人的合法权益奔波，而我们自己的权益却一直被践踏。不知道蒋老师怎么看？

答：实习律师真的很苦！律所和带实习生的律师绝对不应该不发工资，难道我们律师要违反《劳动法》吗？当然，实习律师也应

当努力提高业务技能，让律所感受到你的价值。越是没有人爱，越
要爱自己！

问：蒋律师，对青年律师来说，是提升自己能力重要还是混圈
子重要？

答：如果你没有足够强大的能力，你去混圈子干啥呢？不同能
力层次的人，圈子是截然不同的。所以，你应当安心提升自己的能
力，到时候自然会有圈子找你来混。

问：蒋律师，我最近心情糟透了，觉得什么事都不顺，我是不
是处在人生的低谷？怎么办？

答：每个人都会有低谷期，不管你多么优秀。当你心情糟透了
的日子里，干脆，背起行囊，来一次说走就走的旅行。